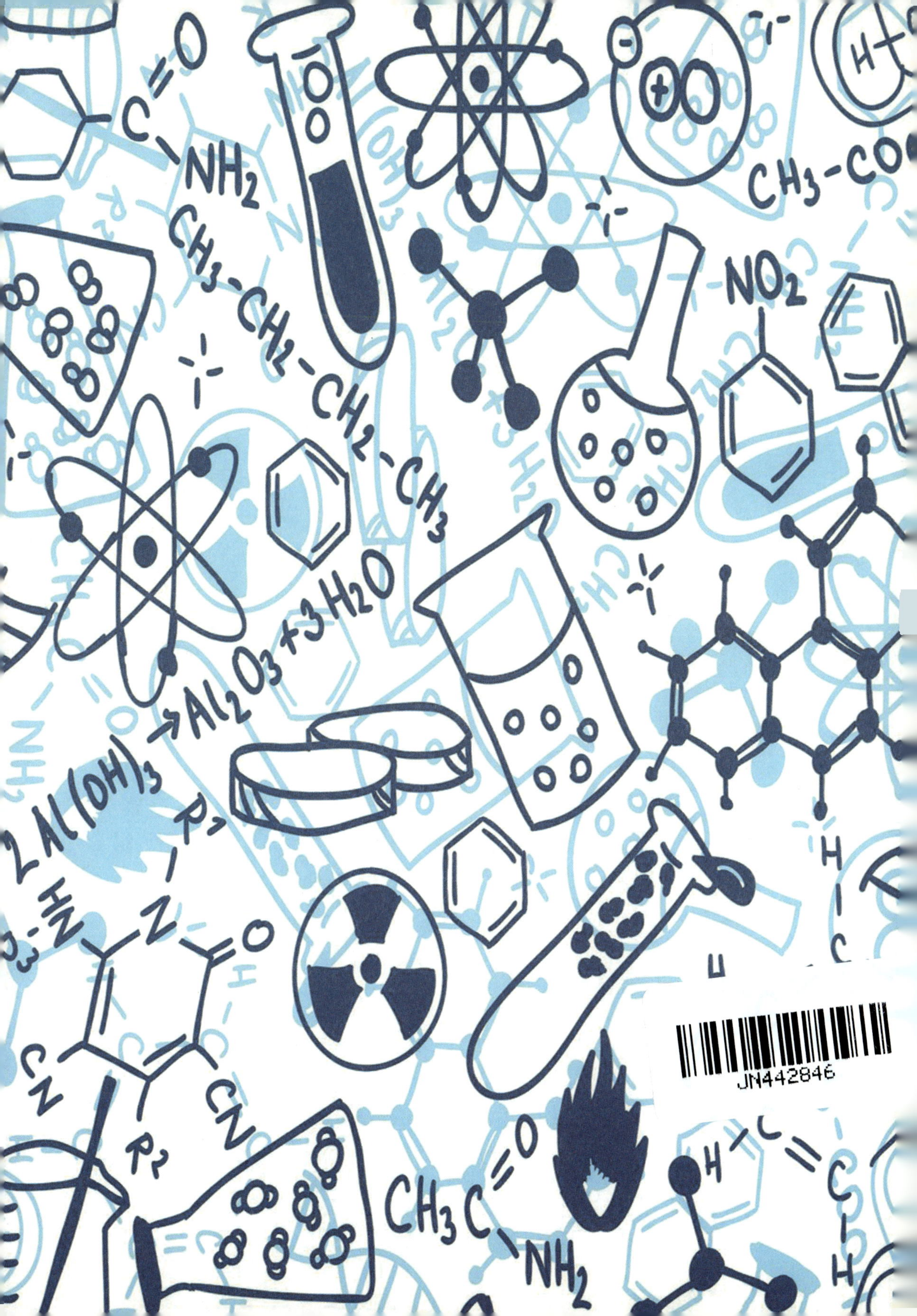
C=O
NH2
CH3-CH2-CH2-CH3
CH3-COO
NO2
2Al(OH)3 → Al2O3 + 3H2O
R1
HN
N
O
CN
CN
R2
CH3C=O
NH2
H
C
H

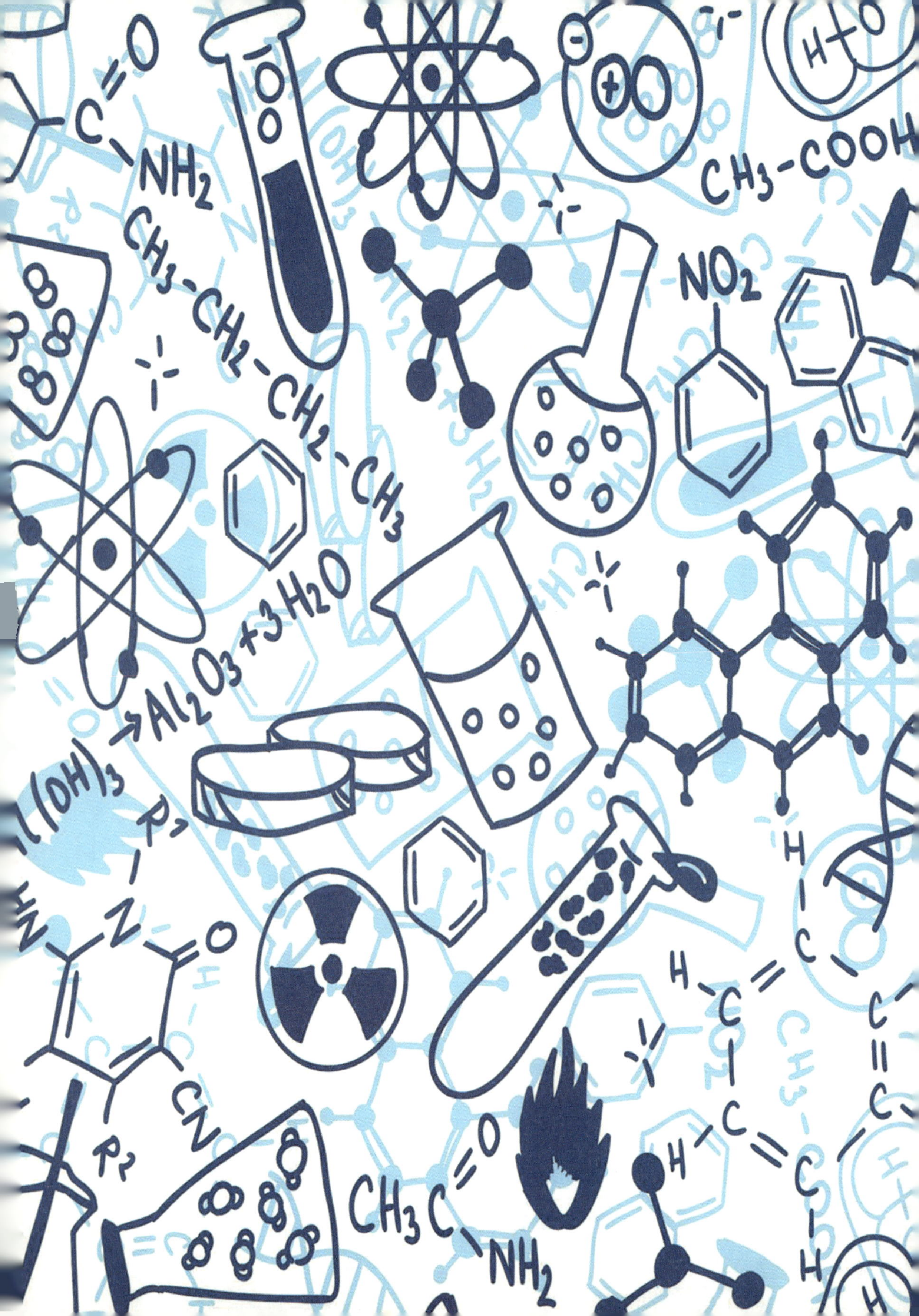
C=O
NH2
CH3-CH2-CH2-CH3
CH3-COOH
NO2
Al(OH)3 → Al2O3 + 3H2O
R1
N
O
CN
R2
H
C
CH3C=O
NH2

인간과 도구의 발달

대한과학진흥회 엮음

스완미디어
SWAN MEDIA

책 머리에

오늘날 우리들은 고도로 발달된 과학 문명의 혜택 속에 살고 있습니다.

우리의 선진 조국 창조를 위해 무엇보다 중요한 것이 과학기술의 개발입니다. 특히 자원이 부족한 우리나라에서 가꾸어야 할 유일한 자원은 과학 기술로 무장한 풍부한 인력 자원입니다.

대한 과학 진흥회에서는 배우는 학생들을 위해 사물을 깊이 관찰하는 습관과 합리적이고 창의적인 과학적 사고를 심어 주기 위한 방법의 하나로 과학 문고를 엮어 내고 있습니다.

과학 문고를 펴냄에 있어서 딱딱한 과학지식을 그림을 곁들여 쉽고 재미있게 이야기로 풀어 써서 학생들이 스스로 원리를 발견하고 재미를 느끼게 함으로써 과학의 여러 분야에 대하여 흥미를 갖고 접근할 수 있도록 하였습니다.

이 책과 더불어 많은 학생들이 과학에 깊은 관심을 갖고 탐구심과 창의력을 기르며 과학을 생활화 할 줄 아는 사람이 되는데 많은 도움이 되었으면 하고 바라는 마음 간절합니다.

기획편찬 **대한과학진흥회**

차례

문명의 발달과 도구_ 10
도구란 무엇일까?_ 10
다섯가지 기본 도구_ 16

인간과 도구_ 26

도구의 기초원리_ 32
왕복 운동과 회전운동_ 32

도구의 역사_ 54

바퀴와 수레_ 74
바퀴와 문명_ 74
수레의 계량_ 82

증기 기관차의 등장_ 90

궤도 위를 달리리는 마차_ 90

트레비식의 기관차_ 95

자동차_ 103

날으는 컴퓨터 자동차_ 104

자동차는 어떻게 움직이나_ 107

모노레일_ 116

기선의 발달_ 128

비행기의 발달_ 142

문명의 발달과 도구

도구란 무엇일까?

문명의 발달 및 역사는 곧 도구의 발달사라고도 바꿔 말할 수 있다.

이처럼 우리의 생활에서 중요한 자리를 차지하는 도구에는 어떤 종류가 있으며, 그것은 어떤 원리로 움직이는지 알아보기로 하자.

사전을 찾아보면 '도구란, 일에 쓰이는 여러 가지 연장'이라고 설명하고 있다.

또 우리 어린이들은 도구와 기계가 어떻게 다른가하고 궁금해할지도 모르겠는데, 기계도 도구의 범위에 들어간다.

사전에는 '기계란 동력 장치를 부착하고 작업을 하는 도구'라고 되어 있다. 따라서 기계도 도구라는 것을 알 수 있다.

문명이 발달할수록 인간들은 직접 자신의 몸을 움직여 직접 하던 일들을 도구를 발명하여 그 도구에게 하게 했다.

세탁을 예로 들어 보자.

옛날, 어머니들은 추운 겨울에도 시냇가에서 얼음을 깨고 그 얼음물에 손을 담가 빨래를 했다고 한다. 춥고, 손도 시렵고, 팔도 아팠을 것이다.

그러나 지금은 실내에서 세탁기로 편안하게 세탁을 해결한다.

더운 여름에는 음식이 상하지 않게 해 주고 시원한 물도 마실 수 있게 해 주는 냉장고가 있다. 이것도 우리에게 유익한 도구이다.

또한 어머니께서 빗자루를 들고 이 방 저 방 다니시며 쓸고 걸레로 문지르던 것을, 청소기는 한꺼번에 해결해 준다.

세탁기, 냉장고, 청소기 말고도 우리 친구들이 볼 수 있는 도구는 많다. 시간을 알려 주는 시계, 소풍을 갔을 때나 운동회 등등 여러 가지 기억에 남는 일들을 찍어 주는 사진기, 해진 옷이나 무늬를 박아 주는 재봉틀 등이 그것이다.

또, 먼 여행을 갈 때 소리를 내며 신나게 달리는 기차, 물살을 가르며 바다 한가운데를 유유히 떠가는 배, 하늘을 날아서 먼 곳까지 실어다 주는 비행기 등도 도구이다.

그리고, 여러분이 동네 골목에서 즐겨 타는 자전거, 쌩하고 빠르게 달리는 오토바이 등도 도구이다.

이제까지 예로 든 것 외에도 우리 친구들이 '이것이 도

구이구나' 하면서 셀 수 있는 도구는 아주 많다.

그러면, 많은 도구들이 가지고 있는 공통적인 성질을 살펴보기로 하자.

첫째, 어느 도구이거나 밀거나 끌어당길 때, 쉽게 망가지지 않는 강한 재료를 사용하고 있다.

즉, 우리 친구들이 자전거를 탔는데, 몸무게가 무거워서 자전거가 주저앉았다고 하자.

이것은 자전거를 만들 때 금방 부서지는 약한 재료로 만들었기 때문이다. 만약 이런 자전거가 있다면 몸무게가 많이 나가는 친구들은 자전거를 타고 싶어도 탈 수 없을 것이다.

자전거를 만드는 재료가 강하고 튼튼할 때 우리는 마음놓고 자전거를 탈 수 있다. 그렇지 않다면 우리들은 불안해서 자전거를 탈 수 없을 것이다.

우리 친구들이 마음놓고 도구를 이용할 수 있게 하는 강한 재료로는 철, 구리, 황동, 알루미늄 등이 있다.

물도 강한 재료를 사용해 그릇에 담았을 때는 힘에 대해 충분히 대항할 수 있다.

물이 떨어지는 것을 이용하여 발전기를 돌려서 전기를 일으키는 수력 발전은 물이 강한 재료로 사용된 경우이다.

또 우리가 숨을 쉴 수 있게끔 해 주는 공기도 가두어놓으면 고무공처럼 힘에 반발하여 용수철과 같은 작용을 한다.

이것은 공을 이용한 운동 경기를 보면 알 수 있다.

배구공, 축구공, 농구공 등을 땅에 튀겼을 때 튀어올라오는 것은, 바로 갇힌 공기가 땅에 내려가 부딪쳐서 반발하는 것이다.

둘째, 도구의 각 부분이 서로서로 일정한 운동을 하고 있다.

이것의 예로는 우리 친구들이 자고 일어나는 시간을 알려 주는 시계가 있다.

시계는 바늘을 움직이는 힘인 태엽만 감아 두면, 시계 바늘이 계속 운동을 한다.

이것은 태엽의 힘이 시계 바늘을 일정한 속도로 움직이게 하여 정확한 시간을 알게 하는 것이다.

또, 사진기는 렌즈의 뚜껑을 재빨리 열고 닫는 장치인 셔터 단추를 누르면 언제라도 열리고 닫힌다. 사진기에서는 셔터가 열리고 닫히는 것을 운동하는 것으로 본다.

사진기에서 셔터가 운동하기 위해서는 운동을 전달하는 장치가 필요한데, 이것은 사진기 속에 있는 여러 가지 부

자동차에는 엔진이 있고, 세탁기에는 모터가 있는데, 이 엔진과 모터가 자동차와 세탁기의 동력원이다. 왜냐하면, 엔진이 있어야 자동차를 움직이게 할 수 있고, 모터가 있어야 세탁기를 이용해 빨래를 할 수 있기 때문이다.

태엽에 대해서는 앞에서 설명했듯이, 태엽은 시계나 축음기 같은 도구를 움직이는 동력원이다.

태엽을 손으로 감아 두면 용수철이 풀리는 힘으로 시계 바늘이 계속 움직이는 것을 알 수 있다.

다섯 가지 기본 도구

어린이 여러분들이 태어나지 않았던 오래 전에는 지금 우리가 편리하게 사용하는 세탁기, 냉장고, 청소기 등이 없었다.

그런데, 현재 우리의 일상 생활에서는 수도꼭지를 틀면 물이 콸콸 나오고, 스위치를 넣으면 빵 굽는 도구가 뜨거워져서 빵을 구워낸다.

음식을 익히기 위해 땔감을 쓰던 시대는 벌써 오래되었다.

지금은 손잡이만 돌리면 불을 켤 수 있는 가스 레인지가 있어서 성냥을 쓰는 일도 없다. 가스 레인지를 사용할 줄 아는 친구들은 혼자 라면도 끓여 먹어 봤을 것이다.

특히 도구의 발전을 가져온 기본적인 것에는 지레와 톱니바퀴가 있다. 이것을 '도구 요소'라고 하는데, 이 도구 요소를 여러 가지로 연결하여 조합함으로써 복잡하면서도 편리하게 쓸 수 있는 도구가 만들어지는 것이다.

그러면 도구라고 불리는 것은 무엇에서 시작되었을까?

옛날이나 지금이나 물건을 옮기는 일은 매우 중요한 일이다.

우리 친구들도 이사를 할 때나, 새로운 물건을 집에 들여놓을 때 물건을 옮겨 봤을 것이다.

물건이 있어야 할 곳에 제대로 놓여 있을 때는 보기가 좋지만, 그것이 필요치 않은 장소에 있을 경우에는 무척 보기 싫다.

물건을 옮기는 것을 운반이라고 하는데, 옛날에는 물건을 운반하는 일이 사람의 손과 발로 이루어졌다.

그러나 손에 들고, 등에 지고 나르기에는 너무 무거워서 운반할 수 없는 것도 있었다.

여러분이 잘 아는 이집트의 피라미드를 쌓을 때는, 커다란 돌을 사람의 힘으로 운반했다.

우리 친구들에게 이렇게 거대한 돌을 옮기라고 하면, 우리 친구들은 어떤 표정을 지을까? 모두 너무 놀라서 눈을 크게 뜨고 입을 벌린 채로 줄행랑칠 준비를 하지는 않을까?

옛날 사람들은 우리가 요즘 사용하는 도구를 사용하지는

않았지만, 그렇다고 무작정 손과 발만으로 돌을 운반하지도 않았다.

그러면 그들은 그 크고 무거운 돌을 어떻게 날랐을까? 이집트인들은 '지레'라는 도구를 사용했다. 그들은 기둥 하나를 돌 밑에 비스듬히 찔러 넣고, 기둥 위쪽을 손으로 눌러 무겁고 큰 돌도 가볍게 움직일 수 있었다.

여기에서 돌 밑에 비스듬히 찔러 넣은 기둥을 '지레'라고 한다.

이렇게 신비한 힘을 가진 지레에 대해서 서양의 아르키메데스라는 사람은 '지레의 법칙'을 만들어서 다음과 같이 말했다.

첫째, 서로 같은 무게가 서로 다른 거리에서 작용할 때는 균형이 잡히지 않는다.

먼 거리에서 작용하는 쪽의 무게가 처지기 때문이다. 그러면, 우리 함께 시소에 대해 생각하면서 이해해보도록 하자.

만약 어린이 친구 두 명이 시소를 탔다고 하자. 두 친구의 몸무게가 똑같이 25킬로그램일 때, 시소를 받치고 있는 중심에서 두 친구 모두 1미터 떨어져 있다면, 시소가 멈추었을 때 수평이 될 것이다.

그러나 두 친구의 몸무게는 똑같지만, 한 친구는 1미터, 또 한 친구는 2미터 떨어져서 시소놀이를 한다면, 시소가 멈추었을 때, 어떤 모습이 될까?

분명히 1미터 떨어진 친구는 공중에, 2미터 떨어진 친구는 아래에 처져 있을 것이다.

여기에서 우리는 시소를 받치고 있는 중심 받침을 지레를 사용할 때의 지레의 위치로 보면 된다.

지레를 사용할 때 무게는 같은데 거리가 서로 다른 때는 시소의 예와 같이 균형이 잡히지 않아, 먼 거리에서 작용하는 쪽의 물체가 밑으로 처지는 것을 알 수 있다.

둘째, 무게가 서로 다른 물체가 같은 거리에서 작용할 때는 균형이 잡히지 않는다. 무거운 쪽의 물체가 처지기 때문이다.

시소의 경우 중심에서 똑같이 2미터 떨어진 거리에, 무게가 한 친구는 50킬로그램, 한 친구는 40킬로그램이라면, 같은 거리지만 몸무게가 많이 나가는 친구가 아래로 처질 것이다.

셋째, 서로 다른 무게가 서로 다른 거리에서 작용하면서 균형이 잡힐 때는 무거운 쪽이 가까운 거리에 있다는 것을 알 수 있다.

이것은 저울 추를 보면 쉽게 알 수 있는데, 서로 다른 무게의 저울 추가 다른 거리에 있으면서 균형을 맞추다가, 무게가 무거운 쪽의 저울 추가 중심으로부터 가까운 거리에 머무르는 것을 보면 알 수 있다.

넷째, 무게가 서로 다르면서 거리와 반비례할 때 균형이 잡힌다.

우리 친구들도 '비례' '반비례'라는 말은 들어보았을 것이다.

비례는 무게가 많이 나가면 그만큼 거리도 먼 것이고, 반비례는 무게가 조금 나가면 그만큼 거리도 가까운 것을 말한다.

무게가 똑같은 것은 똑같은 거리에 있을 때 균형이 잡히는 것처럼, 무게가 다른 것은 서로 다른 거리에 있을 때, 즉 무게와 거리가 반비례할 때 균형이 잡힌다.

이제까지 우리가 살펴본 네 가지가 '지레'의 법칙에 해당하는 것들이다.

이 밖에도 아르키메데스는 도구의 대부분을 고안해내었다.

작은 힘으로 무거운 짐을 움직일 수 있는 장치를 발명하여, 짐을 실은 무거운 배를 쉽게 육지로 끌어당기는 '도르

힘을 덜 들이고
물을 길을 수
있구나!

래' 라는 것이 그것이다.

도르래는 수평축의 둘레에 돌아갈 수 있도록 만든 바퀴로서, 주위에 홈을 파고 홈에 줄을 걸어서 돌리게 만든 물건이다.

우물을 팔 때나 큰 배에서 고기를 낚고자 그물을 거둬들일 때, 여러분이 동물원에서 볼 수 있는 다람쥐 쳇바퀴보다 큰 바퀴에 밧줄이 둘둘 말려 올라가는 것을 볼 수 있을 것이다. 그것이 바로 도르래이다.

도르래는 돌을 끌어올릴 때도 사용된다.

무거운 돌을 끌어올리기 위해서는 돌을 묶은 밧줄 끝쪽이 돌의 무게와 같은 만큼의 힘이 있어야 한다.

돌을 끌어올리는데 필요한 도구가 돌보다 힘이 약하다면 돌을 끌어올릴 수 없을 것이다. 또한 밧줄의 한끝을 고정된 곳에 묶고 다른 끝에 돌을 고정시킨 도르래에 걸면, 훨씬 쉽게 그 돌을 움직일 수 있다.

그리고 돌에 장치할 움직도르래나 고정된 곳에 장치하는 고정도르래의 수가 많으면 많을수록 돌을 쉽게들어 올릴 수 있다.

도르레가 무엇일까요?

고정 도르레

이중 고정 도르레는 우물의 두레박에서 쉽게 볼 수 있다. 고정 도르레는 바퀴에 걸린 물건을 끌어올리는데 이용된다. 고정 도르레는 힘의 방향을 바꾸어 물건을 쉽게 들어 올릴 수 있다는 장점이 있으나, 물건의 무게와 같은 크기의 힘이 들기 때문에 힘의 효과를 크게 하는 작용이 없다.

움직 도르레

움직 도르레는 물건의 무게와 도르레의 무게를 합한 것의 절반만큼의 힘밖에 들지 않는다. 즉 움직도르래는 줄을 보통보다 길게 끄는 대신 힘의 효과를 크게 한다.

복합 도르레

고정 도르레와 움직 도르레의 단점을 보완한 것이 복합 도르레이다. 복합 도르레는 고정도르레와 움직 도르레를 조합하여 힘의 방향을 바꿈과 동시에 힘의 효과를 확대하였다.

도르레는 기본적인 기계 요소들 가운데 하나로 바퀴에 기초를 두고 있습니다. 바퀴에 줄이나 벨트 또는 체인을 걸어 힘의 방향을 바꾸거나 힘의 효력을 확대하는 장치 이다. 이 도구는 그리스의 과학자이며 수학자인 아르키메데스가 처음으로 글로 정리하여 설명하였습니다. (기원전 260년 이전)

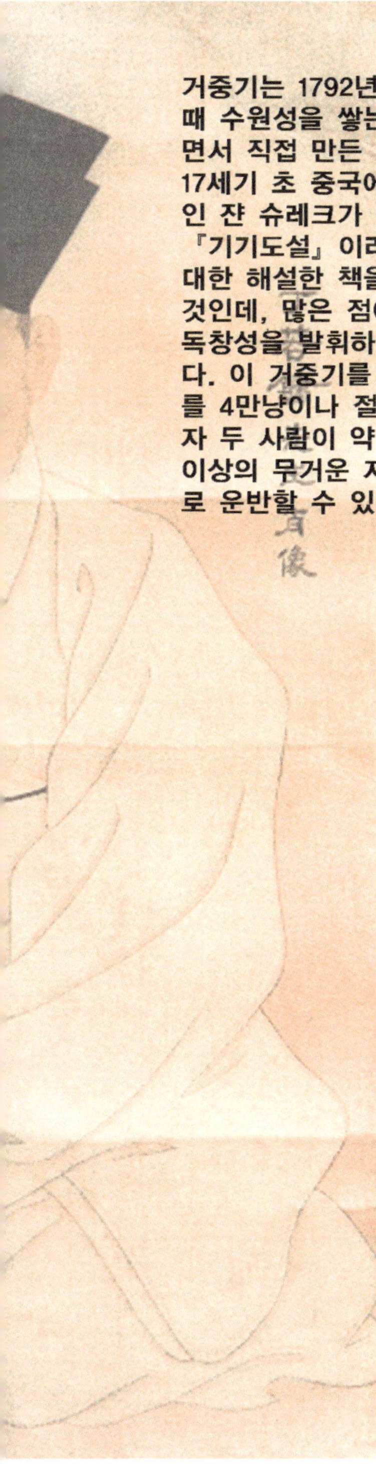

거중기는 1792년, 정양용이 31세 때 수원성을 쌓는 사업을 지휘하면서 직접 만든 것이다. 이것은 17세기 초 중국에 와 있던 서양인 잔 슈레크가 중국어로 번역한 『기기도설』이라는 각종 기계에 대한 해설한 책을 참고로 만든 것인데, 많은 점에서 정약용이 독창성을 발휘하고 개선한 것이다. 이 거중기를 써서 건설 경비를 4만냥이나 절약하였고, 노동자 두 사람이 약 10톤 또는 그 이상의 무거운 자재를 높은 곳으로 운반할 수 있었다고 한다.

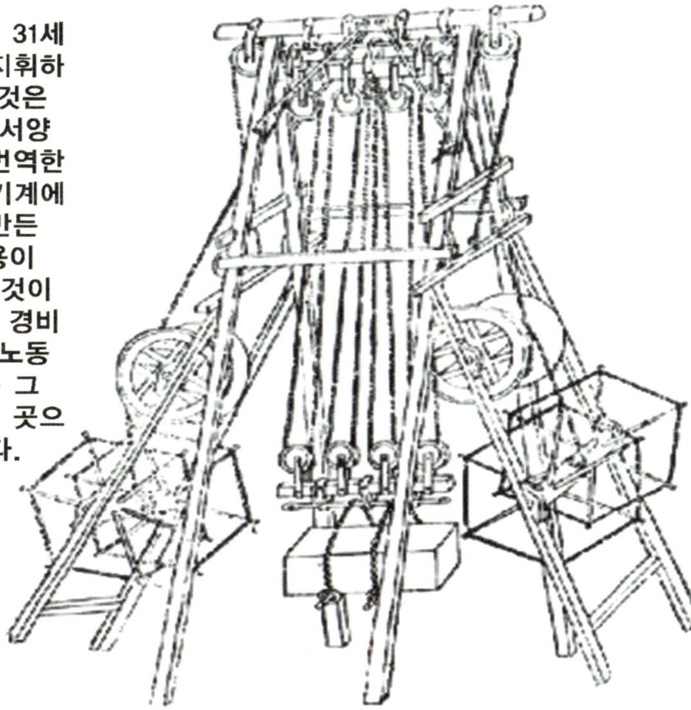

도르레의 사용

조선시대 '성곽의 꽃'이라 불리는 수원성은 1794년에 축조하기 시작하여 2년 반이나 걸려 1796년 완성되었다. 정조에게서 수원성 축성의 명을 받은 젊은 학자 다산 정약용은 축성 과정에서 전혀 새로운 차원의 개념을 도입하였다. 우선 작업 과정에서 인부들의 일정한 작업량에 따라 임금을 받을 수 있도록 하여 작업 능률을 올렸고, 자재를 운반하는 새로운 수레와 거중기라는 돌을 들어올리는 첨단기계까지 고안해 냈다.

인간과 도구

오늘날 우리의 생활은 도구를 많이 사용하면서도 오히려 도구에 의해 지배받는 경우가 있다.

컴퓨터에 모든 자료를 입력시켜 놓았는데, 간수를 잘못해서 컴퓨터에 입력시켜 놓은 모든 자료를 잃어버렸다면, 이것 역시 도구를 의존해 인간이 어떻게 할 수 없는 상황이 되어 버린 게 아닌가!

그래서 르로라는 과학자는 1875년, 〈이론 운동학〉이라는 책에 도구에 대한 이해가 잘못되어 있음을 걱정하여, 도구에 관한 이야기를 쓰게 되었다.

그가 세운 이론에 의하면, 도구는 무질서한 자연의 힘을 질서 있고 정리된 운동으로 바꾸는 것이라고 한다. 따라서 완전한 도구는 완전한 법칙에 따르는 것으로서, 도구가 결합하였을 때에도 각각의 가동 부품은 상호 작용성을 잃지 않으면서 필요한 한 가지 운동만을 한다는 것이다.

음악가가 음표를 써서 작곡을 하듯이, 발명가는 도구를 설계하여 운동을 만들어 내는 것이다.

이것은 사람들이 특별한 분야에서 자신에게 맞는 일을 한다는 뜻이다.

아직 어른이 되지 않은 우리 어린이들은 지금 어른이 되기 위해서, 어른이 되어 할 일을 미리 준비하고 있는 셈이다.

그러면, 도구를 믿지 않거나 두려워하는 사람들에게조차 인간이, 얼마나 도구에 의지하고 있는지를 설명해 주는 과학자 르로의 두 가지 원칙을 알아보자.

첫째, 인간과 도구의 관계에 관한 것이다.

과학자 르로에 의하면 대부분의 도구들은 우리 눈에 보이지 않는 운동의 연결을 나타낸다고 한다. 이 운동의 연결은 인간으로부터 시작하여 인간에게서 끝난다.

즉 우리의 손발이나 뇌의 기능은 그 자체가 하나의 살아있는 도구적 연결의 일부인 것이다. 즉 우리가 어떤 생각을 하고 손발을 움직이는 것은 우리 눈에 보이지 않는 도구들이 연결되어 운동을 하는 것이다.

둘째, 물건의 생김새 · 크기 · 위치 그 밖에 텅 빈 공간에 관한 성질을 연구하는 것 등도 도구의 특징적인 요소와 연결되어 있다.

과학자 르로는 회전 운동과 우리들의 생활에서의 일반적 특성에 관하여 설명하였다.

시간을 알리는 시계 속에는 회전하는 톱니바퀴가 있다.

시계 바늘이 돌아가는 이유는 바로 톱니바퀴 때문이다. 즉 톱니바퀴가 운동을 하기 때문에 시계 바늘이 돌아가는 것이다.

영화 필름의 릴(실 · 철사 등을 감는 얼레, 감개), 인쇄기, 주유소에서 석유의 양을 알고자 쓰는 미터기, 배의 스크루(나사) 등도 운동에 의해 회전하는 것들이다.

과학자 르로는 이와 같이 오래전에 운동과 도구에 대해서 연구하고 있었다.

그러면 그가 이렇게 도구를 연구하기 전 사람들은 어떤 도구를 어떻게 사용했는가 알아보자.

옛날 우리 나라의 여자들은 손으로 돌리는 맷돌로 쌀과 보리와 같은 곡물을 빻았다. 물이 있는 곳에서는 물의 힘으로 돌아가는 물레방아로 곡물을 빻았다.

그러나 물레방아를 돌리기 위해서는 시냇물이 필요한데 물레방아를 돌릴 시냇물이 없는 곳이 있었다. 그래서 바람을 이용해 곡물을 빻을 수 있는 풍차를 만들게 되었다.

풍차의 발명은 새로운 회전 운동, 새로운 원을 이용한 힘으로 노동에서의 승리라 할 수 있었다.

풍차는 발명된 지 200년이 지나도록 오랫동안 사용되었다.

그러다가 르네상스(예술 문화의 새로운 변화를 주장했던 운동)에 의하여 사람들은 자유롭게 생각하는 정신으로 변화되었다. 그래서 도구의 편리함을 더욱 생각하고 도구의 가치를 높게 평가하게 되었다. 그리하여 더욱 많은 도구가 만들어졌다.

16세기 말에, 영국의 목사 윌리엄 리는 스웨터나 목도리, 장갑 등을 뜰 수 있는 편물기라는 도구를 만들었다. 그때까지 손으로 직접 스웨터나 목도리를 뜨던 사람들은, 편물기가 10배에서 15배 더 빨리 완성하는 것을 보고 몹시 화가 났다.

왜냐하면, 편물기가 뜨는 속도를 사람의 손으로 따라갈 수가 없었기 때문이었다.

손으로 뜨던 사람들은 돈을 제대로 벌 수 없었고 화가 나 있었으므로 큰 소동이 일어났다.

그들은 리본을 짜는 도구를 만들어 낸 발명가를 몰래 죽였으며, 어떤 사람은 고향으로부터 쫓아내기도 하였다.

그러나, 그러한 투쟁은 결국 지고 말았다.

도구는 좋은 품질의 물건들을 싼 값으로 많이 만들어 내었던 것이다.

도구들은 많은 사람들의 수가 일하는 것보다도 더 많은 일을 해내었다.

계속해서 도구는 밀을 베어 낼 수 있는 수확기, 통조림용 옥수수의 알맹이를 벗겨내는 도구, 콩껍질을 벗기는 도구 등등 맹활약을 하였다. 그러다가 드디어 도구의 수량은 인구 수를 넘어 버렸다.

도구를 인간의 노예로 본다면, 1970년에 미국인은 한 사람당 2,000명의 노예를 가진 셈이 되었다.

우리 친구들 가정에도 무척 많은 도구들이 있을 것이다. 전기 시계, 믹서, 청소기, 세탁기 등등.

컴퓨터도 요즘 우리 주위에서 흔히 볼 수 있는 도구이다.

도구의 기초 원리

왕복 운동과 회전 운동

크랭크란 왕복 운동을 회전 운동으로 바꾸는 장치를 말한다.

왕복 운동은 수영 선수가 어느 지점에까지 도달해서 잠깐 멈추었다가 본래의 위치로 다시 돌아오듯, 어떤 물체가 어느 점까지 가서 잠깐 멈추었다가 다시 본래의 위치로 돌아오는 것을 말한다.

그러니까 크랭크를 이용해서, 이 쪽에서 저 쪽으로 왕복하던 것을 빙 돌려서 회전하는 운동으로 바꾸는 것이다.

또 크랭크는 회전 운동을 왕복 운동으로 바꾸는 데도 사용할 수 있다.

우리 어린이들도 맷돌에 대해서 들어 보았을 것이다.

옛날에는 맷돌을 돌리는 데에 맷돌의 중심에서 조금 벗

어난 곳에 손잡이를 달고, 이것을 손에 쥐고 맷돌을 돌렸다. 거의 손으로 맷돌을 돌리다시피 했으니 무척 힘이 들었을 것이다. 그러다가 손잡이 대신 막대를 하나 부착하여 이 막대를 손으로 잡고 돌리는 것이 훨씬 더 쉽다는 것을 알게 되었다.

이 발견으로 크랭크가 널리 퍼졌는데, 맷돌을 조금 더 쉽게 돌리기 위하여 막대를 부착한 것을 크랭크 장치로 보면 된다.

물레방아의 회전 운동을 왕복 운동으로 바꾸어서, 대장간에서 불로 쇠를 녹일 때 쓰이는 기구인 풀무를 작동시키는 데도 크랭크가 사용되었다.

초기의 크랭크는 나무 제품이었으나, 나무는 금방 부러져 널리 사용되지 못했다. 그러나 나무 대신 단단한 강철을 사용하면서 크랭크가 널리 쓰이게 되었다.

1780년에 제임스 와트라는 사람은 왕복 운동을 회전 운동으로 바꾸는 새로운 방법으로 톱니바퀴를 연구해 냈다.

그러나 얼마 후, 기차에 이용되는 피스톤의 왕복 운동을 회전 운동으로 바꾸는 데에 크랭크가 사용되었다.

그리고 피스톤의 왕복 운동을 회전 운동으로 바꾸는 데에도 크랭크를 이용하였다.

중유나 가솔린과 같은 연료를 원통의 실린더 속에 넣어 폭발시켜 열을 내는 동시에 빛을 내게 해서, 피스톤을 움직이게 하는 것을 내연 기관이라고 한다.

자동차 엔진은 실린더 속의 가솔린이 연소하여 그 힘으로 피스톤을 운동시키고 있다.

이 피스톤의 왕복 운동을 크랭크에 의해 회전 운동으로 바꾸고, 톱니바퀴로써 속도와 힘을 여러 가지로 바꾸어 차바퀴에 전달하는 것이다.

이와 같이 크랭크는 왕복 운동을 회전 운동으로 바꾸거나 회전 운동을 왕복 운동으로 바꾸는데 가장 일반적으로 사용되었다.

크랭크의 발명에 이어 다른 발명품이 나왔다.

두 개의 맞물고 있는 톱니바퀴 중 한쪽 톱니바퀴의 반지름을 무한대로 이어 가면, 그 톱니바퀴의 톱니는 일직선으로 늘어서게 된다.

이와 같이 만들어진 직선의 톱니를 래크라고 부르며, 이 래크와 맞물리는 작은 톱니바퀴를 피니언이라고 한다.

피니언이 돌면 래크는 일직선의 직선 운동을 한다. 반대로 래크가 직선

운동을 하면 피니언이 회전한다.

래크를 제자리에 정지시켜 놓고 피니언을 돌리면 피니언이 움직이고, 정지시킨 래크와 움직이는 피니언의 중심축은 직선 운동을 한다.

각종 금속 원료를 회전 운동시켜, 갈거나 파내거나 도려내는데 쓰이는 금속 공작 도구인 선반의 왕복대는, 거기에 붙어 있는 피니언이 회전하여 고정된 래크에 의해 직선 운동을 하게 되어 있다.

그것을 응용한 것으로 길이의 측정기인 다이얼 계기가 있다.

다이얼 계기는 편평한 면의 들어 가고 나온 상태, 중심축이 치우침이 있는가 없는가 등을 검사하는 측정기이다.

그것은 주축이 직선 운동을 하고, 거기에 새겨 있는 래크와 맞물고 있는 피니언이 회전함으로써 시계 바늘을 움직이게끔 되어 있다.

사진 촬영시에 사용되는 삼각대는 핸들을 돌리면 사진기를 올려놓는 좌대가 상하로 움직이는데, 좌대 밑에 래크가 있어서 핸들은 그것과 맞물고 있는 피니언을 돌려 주고 있다.

삼각대는 기관총이나 실험 기구를 얹어 놓기 위해 만든 세 발 달린 도구로, 우리 친구들도 삼각대로 받치고 사진을 찍는 모습을 흔히 보았을 것이다.

좌대는 어떤 기구나 물건을 받쳐 얹어 놓을 수 있는 것을 말한다.

3개의 막대를 핀으로 서로 결합하면 막대는 각각 움직일 수 없게 된다.

또 막대를 넷으로 하면 각 막대는 서로 움직일 수는 있으나, 어떤 일정한 운동을 할 수 있을 뿐 네 개의 막대가 각기 움직일 수는 없다.

막대의 수를 다섯으로 하면 어떻게 될까?

이 경우는 막대의 수가 많아서 제멋대로 움직여 버린다. 도구는 쓸모가 있고, 잘 이용할 수 있는 것이어야 하기 때문에 제멋대로 움직여서는 안 된다. 일정한 운동을 해야 한다는 것이 도구의 기본 조건이기 때문이다.

따라서 5개의 막대로 결합된 것은 도구가 될 수 없다. 막대를 조합한 것 중에 도구의 구성 부분으로서 이용할 수 있는 것은 4개의 막대를 조합한 것이다. 이것을 '4절 기구' 라고 부른다.

4개의 막대를 핀으로 결합하고, 그 중의 하나를 고정시킨 것은 막대 기구의 기본이다. 그 때 각 막대의 길이를 적당히 정하는 데 따라서 여러 가지 운동을 시킬 수 있다.

여러분들도 4개의 막대를 핀으로 결합하여서 여러 가지 운동을 시켜 보면 즐거운 놀이가 될 것이다.

4절 기구에서 가장 긴 막대 하나를 고정하고, 다른 막대의 길이를 적당하게 택할 때, 남은 두 개의 막대중 작은 막대 1개가 1회전하면 큰 막대는 왕복 운동을 한다.

이것도 지레처럼 한 축을 중심으로 놓고 이용하는 것이기 때문에 '지레의 크랭크 기구' 라고 한다.

이 4절 기구는 회전 운동을 왕복 운동으로 바꾸고 싶을 때, 또는 왕복 운동을 회전 운동으로 바꾸고 싶을 때 쓰는 기본적인 기구이다.

발로 밟는 발재봉틀이나, 선반 작업에서 발의 왕복운동을 회전 운동으로 바꾸는 데에도 이 장치가 응용된다.

더 나아가서 4절 기구에서, 한 막대의 길이를 0으로 한 것, 즉 4개의 막대가 점을 4개 가지고 있을 때 점 2개를 걸치는 2개의 막대 장치를 '슬라이더 크랭크 기구'라고 부른다.

수증기의 팽창(불어남)과 응축(엉기어 줄어듦)을 이용하여 피스톤의 왕복 운동을 일으켜 에너지를 얻는 증기 기관이나, 연료를 이용한 내연 기관의 실린더 · 피스톤 · 크랭크는 이 링크 장치의 응용이다.

이 장치는 회전 운동을 왕복 운동으로 바꾸고 싶을 때, 또 그 반대로 왕복 운동을 회전 운동으로 바꾸고 싶을 때 사용된다.

증기 기관이나 내연 기관은 피스톤의 왕복 운동을 크랭크에 의해 회전 운동으로 바꾸어 차를 달리게 하거나, 도구를 움직이고 있다.

피스톤과 크랭크를 잇는 막대를 '커넥팅 로드'라고 부른다.

슬라이더 크랭크 기구에서는 커넥팅 로드와 크랭크가 일직선이 되는 곳이 두 군데 있다.

하나는 커넥팅 로드와 크랭크가 겹치는 곳이며, 또한 곳은 커넥팅 로드와 크랭크가 겹치지 않고 일직선이 되는 곳이다.

커넥팅 로드와 크랭크가 겹치는 곳은, 0을 기준으로 왼쪽 길이는 짧고 오른쪽 길이는 길다. 그래서 피스톤이 오른쪽 방향으로 움직이려 하며, 크랭크는 좌회전도 우회전도 모두 가능하다.

그러나, 실제의 도구에서는 어느 쪽으로 회전할지를 정하지 않으면 곤란하므로, 회전 방향이 일정하도록 고안되어 있다.

또 커넥팅 로드와 크랭크가 겹치지 않고 일직선이 되는 곳은, 피스톤이 0을 기준으로 오른쪽으로 길게 일직선인 경우이다. 이 때도 피스톤이 왼쪽 방향으로 움직이기 시작하면 크랭크는 좌회전이든 우회전이든 모두 가능하다.

그러나 정확하게 일직선이 되어 있을 때는 피스톤이 움직이려 해도 크랭크를 움직일 수 없다.

예로 든 이 두 개의 점을 '사점'이라고 한다.

증기 기관을 사용하여 회전 운동을 시키려고 할 때는 이 사점을 피하기 위해 두 개의 증기 기관을 사용한다. 크랭크의 위치를 90°로 처지게 해 두면, 어느 한쪽이 사점에 있으면 다른 쪽이 사점이 아니라도 회전이 계속된다.

즉 피스톤의 점과 크랭크의 점을 사점으로 보고 있기 때

최초의 증기 기관차

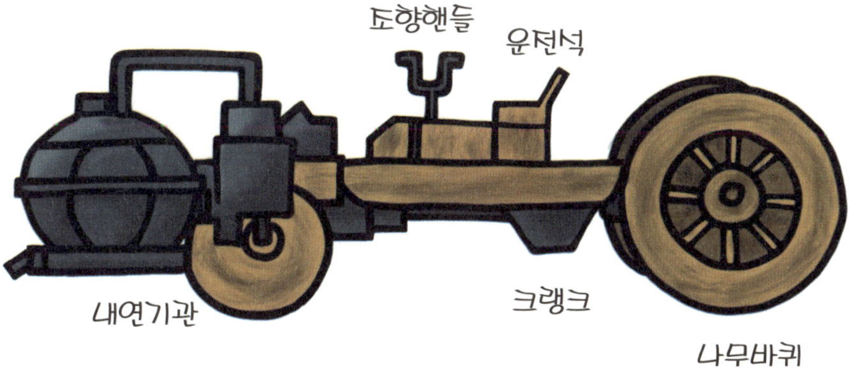

문이다.

이것 말고 가늘고 긴 막대, 즉 링크 끝을 핀으로 결합한 것을 일반적으로 '링크 장치'라고 부른다. 핀으로 결합한다는 것은 막대와 막대의 결합점에서 막대가 서로 회전할 수 있다는 것이다.

링크 장치의 응용은 광범위하여 기계의 각 부분에 이용되고 있는데 팬터그래프도 그 중의 하나이다.

팬터그래프는 전차 또는 전기 기관차의 움직이지 않는 부분과 운동 부분의 사이에 있어서 전력을 전달하는 장치이다.

4절 기구에서 마주 보고 있는 막대의 길이를 같게 하면 평행사변형이 된다.

평행사변형은 서로 마주 대하는 두 쌍의 선분이 평행인, 즉 나란한 사변형을 말한다.

평행사변형이 된 것 중의 고정된 막대 하나는 평행 운동을 하는 기구로 응용되고 있다.

평행사변형에서 막대 하나를 회전시키면 회전시킨 막대의 맞은편 막대도 회전시킨 막대와 같은 방향, 같은 속도로 회전한다.

막대가 가로 선분일 때, 세로 선분의 막대들도 서로 평행하여, 가로 막대의 회전에 따라 평행으로 이동한다.

옛날 미시시피강을 오르내리던 기선인 외륜선에는 배를 추진시키기 위한 배의 옆면에 물레방아와 같은 모양을 한 수레바퀴가 부착되어 있었다.

이 수레바퀴에 붙은 날개판을 움직이는 데는 평행운동 기구가 이용되었다.

막대를 몇 개 결합하여 평행 운동 또는 직선 운동을 하게 하는 기구는 프랑스 사람 포슬리에가 발명한 것 외에도 많은 사람에 의해 고안되었다.

영국 사람 카트라이트가 발명한 평행 운동 기구는 2개의 같은 톱니바퀴를 이용한 것으로, 구조는 간단하다.

이것을 응용한 것 중의 하나로 공기를 보내는 루츠송풍

기가 있다. 송풍기라는 말 자체가 공기를 보내는 기구라는 뜻이다.

그것은 표주박 모양을 한 2개의 회전자가 항상 케이싱이라는 겉상자 속을 맞닿으면서 반대 방향으로 회전한다.

회전자와 송풍기 상자가 서로 접촉되어 있으므로, 회전에 따라 일정량의 공기를 보내는데 이 기구를 이용하고 있다.

평행 운동 외에 쓰이는 것이 간헐 운동이다. 간헐이라 함은 일정한 시간을 두고 정기적으로 멎었다 움직였다 하는 것을 말한다.

우리의 주위에서 간헐 운동을 하고 있는 것을 찾아보면, 디지털 시계, 카세트 테이프, 리코더의 회전계 등이 있다.

시침과 분침이 있는 보통의 태엽 시계나, 전자 시계도 간헐 운동을 한다.

시침이나 분침이 연속적으로 일정한 속도로 운동하는 것이 아니라 움직였다 멎었다 한다. 다만 움직였다 멎었다 하는 거리나 시간이 매우 짧기 때문에 눈으로 보아서는 연속적으로 운동하고 있는 듯이 보이는 것이다.

그러면 간헐 운동에 사용되는 톱니바퀴를 조합한 예를 몇 가지 보자.

간헐 운동을 하게 하기 위한 톱니바퀴는 톱니의 수나 모양이 특수하다.

우선 8밀리미터, 16밀리미터의 영사기와 촬영기가 있다.

영사기는 특히 영화에 사용되는데, 영사기와 촬영기가 필름을 회전시키는 데는 간헐 운동을 하는 독특한 톱니바퀴 장치가 조합되어 있다.

영사기의 경우, 렌즈 앞에서 필름이 일단 정지하여 스크린에 투영되고, 그 다음에 셔터가 닫혀서 스크린이 캄캄해진다.

그 사이에 필름 한 부분이 보내지고, 다음 부분이 렌즈 앞에 왔을 때, 셔터가 열려서 스크린에 보내어져 비쳐진다.

즉 필름이 움직였다 멎었다 하면서 보통 1분 동안 24개의 그림이 보내지게 되어 있다.

필름을 간헐적으로 움직이게 하는 데는 '십자바퀴' 라는 톱니바퀴가 사용되고 있다.

그 역할은 영사기나 촬영기에서도 마찬가지이며, 전원 스위치가 넣어지면 모터가 회전하기 시작한다.

이 모터의 회전을 십자바퀴에 의해 간헐 운동으로 바꾸

는 것이다.

즉 모터로 '핀바퀴'를 회전시키면 핀이 십자바퀴의 홈 속에 들어갔을 때만 십자바퀴가 돌아간다.

핀이 홈에서 빠져 나오면 십자바퀴가 정지한다.

다시 핀이 돌아와서 십자바퀴의 홈에 들어가면 그것을 돌리는 식으로 되풀이되어, 핀바퀴의 연속 회전에 의해 십자바퀴가 간헐 운동을 하게 된다. 그리고 십자바퀴의 축에 곧바로 연결되어 있는 스프로킷이라는 것에 의해서 필름이 간헐적으로 보내진다.

십자바퀴의 홈이 4개인 경우에는, 핀바퀴의 1회전으로써 십자바퀴는 4분의 1회전을 하지만, 십자바퀴의 홈의 수를 6개로 하면, 핀바퀴의 1회전에 의해 십자바퀴는 6분의 1회전을 한다.

십자바퀴를 그대로 두고, 핀바퀴의 바깥쪽을 회전해 가면 핀이 홈이 파이지 않은 십자바퀴에 걸려서 그 이상은 핀바퀴가 돌아가지 않는다.

이것은 십자바퀴의 축에 용수철이 감겨 있는 시계 등에서, 용수철을 감은 뒤 그것을 멈추게 하는 정지 장치로 이용되고 있다. 시계의 산지인 제네바의 이름을 따서 이것을 '제네바 스톱'이라고 한다.

간헐 운동은 깔쭉니와 깔쭉톱니바퀴라고 하는 것을 사용해도 된다.

간헐 운동은 어느 것이나 다 회전 운동이지만, 간헐직선 운동으로 바꾸는 장치도 있다.

핀바퀴와 맞물리는 십자바퀴의 반지름은 무한대로 했다고 하면, 핀바퀴의 회전에 의해 십자바퀴는 간헐적으로 직선 운동을 한다.

간헐적으로 직선 운동을 하는 것에서 회전하는 것이 있다.

그것은 1개의 축이 연속적으로 회전하고 있을 때, 다른 축을 간헐적으로 회전시키는 장치를 '제네바 스톱'이라고 하는 것이다.

스톱이 멈춤이라는 뜻이라는 것은 우리 어린이들도 알 것이다. 그러니까 제네바 스톱은 멈추었다 움직였다 하는 도구라고 생각하면 된다.

제네바 스톱은 시계 태엽을 감는 장치에 처음으로 사용되었으므로 시계를 만든 곳인 스위스 제네바의 이름을 따서 불렸다.

앞에서도 이야기한 내용이지만, 제네바 스톱은 시계뿐만 아니라, 다른 것에도 간헐 운동이 필요한 곳에 널리 이용되고 있다.

도구를 움직이게 하는 동력원으로서 가장 널리 사용되고 있는 것은 모터이다.

모터는 대형에서 소형까지 다종 다양하며, 일정한 동력을 뽑아내는 성능도 좋아서 많이 이용된다.

그러면 톱니바퀴에 의한 간헐 운동을 알아보도록 한다.

보통의 톱니바퀴는 원 둘레 전 영역에 걸쳐 같은 형태의 이로 되어 있다.

그런데 이 이의 형태를 여러 가지 모양으로 바꾸고, 또 원 둘레 전부가 아닌 그 일부분에만 이를 새기는 식으로 하면, 한쪽 바퀴의 회전 운동을 균일 회전이 아닌 여러 가지의 다른 회전으로서 전달할 수 있다.

한쪽 회전은 연속 회전이고 이것과 맞물고 있는 상대쪽 바퀴는, 때로는 멎었다가 움직였다 하게 할 수 있다. 이런 동작을 하는 톱니바퀴도 또한 제네바 스톱이라고 불린다.

4개의 톱니를 새긴 바퀴를 3개의 톱니를 네 곳에 새긴 톱니바퀴와 맞물리게 하고, 4개의 톱니를 가진 앞의 톱니바퀴를 일정한 방향으로 돌렸다고 하자.

뒤의 톱니바퀴는 이를 맞물렸을 때에만 회전하고, 이가 없는 부분에 접촉했을 때는 회전하지 않는다.

따라서 앞의 톱니바퀴가 1회전하면 뒤의 톱니바퀴는 4분의 1만 회전하고, 그 다음에는 잠시 정지해 있게 된다.

다음에 앞의 톱니바퀴의 이가 뒤의 톱니바퀴와 맞물렸을

때 또 4분의 1을 회전한다.

앞의 톱니바퀴는 연속적으로 회전하고 있지만, 뒤의 톱니바퀴는 간헐적으로 4분의 1씩 회전하게 된다.

또 톱니의 수와 형태를 여러 가지로 만드는 데 따라서 각종 간헐 운동을 하게 할 수 있다.

또한 원판과 톱니바퀴의 축이 서로 직각일 때도 간헐 운동 기구로 사용된다.

원판의 일부가 원판 면보다 밖으로 튀어나와 있으므로 원판이 회전하는데, 밖으로 튀어나온 원판의 일부분이 톱니바퀴를 한 톱니의 자리에 왔을 때는, 톱니 하나만큼 움직이게 한다.

원판의 축에서 끝이 되는 한 부분이 톱니 사이를 통과한 뒤에는 원판의 판판한 부분이 톱니바퀴의 톱니사이를 통과하므로, 톱니바퀴는 움직이지 않는다.

원판이 회전하고 원판의 끝이 다시 톱니바퀴의 톱니에 왔을 때, 또 톱니 하나만큼 움직이게 한다.

따라서 원판의 연속 회전에 의해서 톱니바퀴가 간헐적으로 움직이는 것이다.

원판의 연속 회전으로 톱니바퀴가 움직이긴 하지만, 이제 회전을 전달하는 것이 요구되었다.

한쪽 축에서 다른 축으로 회전을 전달하고 싶을 때, 두 축의 축선이 일치하지 않았을 때는 어떻게 하면 될까? 그런 경우에는 특수한 방법이 필요하다.

그 특수한 방법에 '유니버설 조인트'라고 하는 것이 있는데, 이것은 두 축의 축선이 어느 일정한 각도를 가졌을 때에 사용한다.

두 축의 양끝에 포크를 부착하고, 포크를 포함한 면이 서로 직각이 되게 하여 포크의 선단을 십자형 막대로 연결한다.

한쪽 축이 회전하면 십자형 막대가 회전하여 다른 축에 회전을 전달한다. 이것이 유니버설 조인트이다.

또 영국 사람 올담이 발명한 '올담 이음'은 평행의 두 축이 조금 떨어져 있을 때 사용되며, 상당히 큰 힘이 전달되는 것으로서 실용화되어 있다.

그 구조는 두 축 끝에 홈을 판 원판을 부착하고, 그 홈이 서로 직각이 되게 한다. 이 원판 사이에 다른 원판을 넣어 축에 있는 두 원판을 같은 속도로 회전시킨다.

이 올담 이음은 자동차 엔진의 회전을 운전석 앞부분에 있는 회전계에 전달하는 것 등에 이용되고 있다.

인간과 최초의 도구

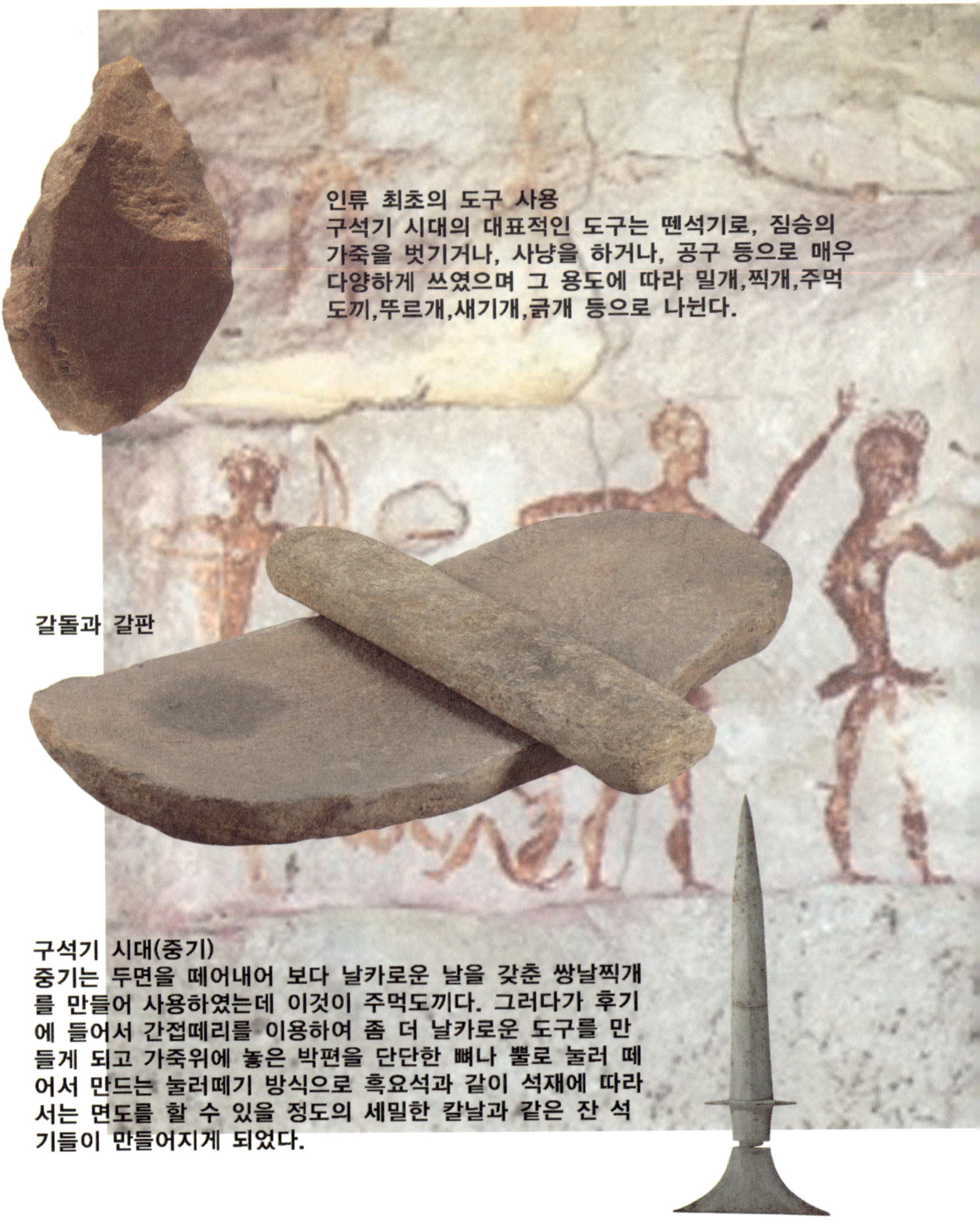

인류 최초의 도구 사용
구석기 시대의 대표적인 도구는 뗀석기로, 짐승의 가죽을 벗기거나, 사냥을 하거나, 공구 등으로 매우 다양하게 쓰였으며 그 용도에 따라 밀개,찍개,주먹도끼,뚜르개,새기개,긁개 등으로 나뉜다.

갈돌과 갈판

구석기 시대(중기)
중기는 두면을 떼어내어 보다 날카로운 날을 갖춘 쌍날찍개를 만들어 사용하였는데 이것이 주먹도끼다. 그러다가 후기에 들어서 간접떼리를 이용하여 좀 더 날카로운 도구를 만들게 되고 가죽위에 놓은 박편을 단단한 뼈나 뿔로 눌러 떼어서 만드는 눌러떼기 방식으로 흑요석과 같이 석재에 따라서는 면도를 할 수 있을 정도의 세밀한 칼날과 같은 잔 석기들이 만들어지게 되었다.

신석기 시대
신석기 시대는 석기 시대 후기로, 돌을 갈아 만든 간석기와 질그릇(토기)를 도구로 사용하는 식량 생산 단계에 이른 시대를 말한다.

청동기 시대
청동기 시대가 되면서 계급사회가 등장하게 되고, 벼농사가 시작 되었다. 생산력이 발전하면서 잉여 생산물 또한 생겨나게 되었고 그 분배 과정에서 계급이 등장하였으며, 초기 국가의 모습이 갖추어 지게 된다.

도구의 역사

우리 인간들 세계에 역사가 있듯이 도구의 세계에도 역사가 있다. 인간이 살아 남기 위하여 꼭 필요한 것이 기본적으로 세 가지가 있다.

그것은 전쟁과 오락과 생산으로, 이 세 가지는 도구를 발달시키게 했다.

전쟁을 하려면 무기가 있어야 했고 무기를 만드는 가운데 자연적으로 도구를 만드는 기술이 발달하게 되었다.

좀더 나은 생산을 하기 위해서도 도구의 발달은 필수였다.

우리 모두 좋아하는 오락 역시 즐거움과 피로를 풀어 주기 위해서는 오락다운 오락이 필요해서 도구의 발달을 가져오게 했다.

그러나 수천 년 동안의 경험과 오늘날의 한층 더 복잡해진 세계는 도구의 의의를 약간 불분명한 것으로 만들고 있다.

즉, 도구에는 인간의 행복과 생활에 기여하는 좋은 면과 인류를 파멸과 죽음으로 몰고 가는 나쁜 면이 있는데, 이 두 가지 면을 모두 지닌 도구들도 많이 있기 때문이다.

그러나 인간을 파멸시킬 목적만으로 도구가 만들어지고 있는 것은 아니다.

모든 비행기가 인간을 죽음으로 몰아 넣는 것은 아니며, 대부분은 인류 복지에 봉사하고 있다.

그럼에도 불구하고 전쟁은 항상 많은 도구들을 낳아왔다.

기원전 7세기에는 앗시리아의 군대가 수레에 실은 거대한 망치로 적의 성벽을 파괴하였다.

불화살을 막기 위하여 단단한 초록색의 가죽을 발라만든 한 '거북차' 라고 불리는 것도 고안되었다.

수백 년 후에 그리스의 알렉산더 대왕과 데메트리우스는 바퀴가 달린 10~20층의 탑을 만들었다.

그 탑에는 올렸다 내렸다 할 수 있는 여러 개의 다리가 달려 있었다.

적의 성벽을 공격하는 백병전에서는 병사들이 그 다리를 건너 기습을 감행할 수 있었다.

이것은 거대한 건조물인 성벽을 기본적인 도구의 요소인 밧줄과 도르래 장치를 끌고가 전술상 필요한 위치에 배치할 수 있었기 때문이었다.

또 하나의 강력한 병기는 그리스의 유명한 과학자 아르키메데스가 발명한 것이었다.

로마의 대군이 그의 고향인 시라쿠사를 포위하였을 때, 그가 발명한 거대한 쇠갈퀴는 침입해 온 적의 배 전체를 한번에 들어 올려 암벽 위에 내던져 버렸다.

또 다른 그리스인의 업적에 비틀린 힘(엄지와 인지 두 손가락 사이에 고무 밴드를 걸어 놓고 짧은 연필을 고무 밴드에 끼어 들었다 놓으면 알 수 있다)을 이용하여 작동시키는 무시무시한 도구가 있었다.

또한, 활과 돌을 던져 날리는 투석기는 모두 동물의 힘줄이나 인간의 머리카락을 단단히 꼬아 만든 한쌍의 타래가 특징이었다.

타래는 실이나 고삐 같은 것을 감아서 틀어 놓은 분량의 단위인데, 실타래라는 말은 여러분들도 들어 보았을 것이다.

긴 나무팔이 위에서 설명한 타래에 끼어져, 대형 낚싯대의 릴(실 · 철사 등을 감는 얼레)같은 윈치에 접속시킨 밧줄로 타래를 끌어당긴다.

윈치는 수평으로 된 원통형의 몸통을 손잡이로 돌리면서, 몸통에 감긴 밧줄이나 쇠사슬의 한 끝에 무거운 물건을 매달아 올렸다 내렸다 하거나 잡아당기는 도구를 말한다.

윈치에는 멈춤쇠로 고정시킨 톱니바퀴, 즉 한 줄의 오늬가 장치되어 있어서, 멈춤쇠가 벗겨지면서 긴 나무팔이 파괴적인 힘으로 표적을 향해 쇠창 또는 5킬로그램 무게의 돌을 내던진다.

오늬는 화살의 머리를 화살의 시위에 끼도록 베어낸 부분을 말한다.

강력한 무기를 만들어냈던 그리스인들 중에는 평화를 위한 도구를 고안한 사람도 있었다.

예를 들어, 아르키메데스는 회전하면서 수돗물의 양을 잴 수 있는 도구인 양수기의 발명자로 알려져 있다. 이것은 더욱 개량되어 지금도 비가 자주 오는 지중해 연안의 여러 나라에서 관개용으로 사용되고 있다.

관개용이란 논밭을 경작하는데 필요한 물을 대는 것에 사용된다는 말이다.

나선형 양수기 말고 또 하나의 양수기인 펌프 장치는, 아르키메데스와 같은 시대 사람이었던 크테시비우스의 발명이라고 알려져 있다.

이것은 오늘날 널리 사용되고 있는 피스톤과 실린더의 기구를 최초로 응용했던 장치임에 틀림없을 것이다.

이 펌프는 주사기와 마찬가지로 유리관이 달린 두개의

실린더가 로드와 핸들에 의해 조작된다.

물을 끌어올릴 때는 밸브를 통해 한 개의 실린더 내부로 물이 빨려들어가고, 물을 뿜어낼 때에는 압력이 강해져서 밸브가 닫히고 물은 파이프를 통과하여 실린더 밖으로 나오는 것이다. 이러한 도구가 만들어지면서 점점 도구의 발명이 발달되었다.

특히 현대의 도구 장치와 같은 기본 원리가 일찍이 알렉산드리아의 헤론이 고안했던 장치에서 나타났다.

그는 성당이나 극장에서 사용되는 도구 장치를 만드는 것이 취미였다. 그가 고안해 낸 것들 중에는 바람의 힘으로 작은 오르간을 연주하는 장치도 있었다.

바람받이가 달린 바퀴의 축에 박혀 있는 짧고 튼튼한 돌기 부분인 캠이 이 장치의 핵심이었는데, 바람이 바퀴를 돌리면 캠이 지레를 누르고, 지레는 오르간에 공기를 보내는 피스톤을 들어 올리게 되어 있었다.

캠은 물체의 표면을 둥근 곡면형으로 하고, 이것을 외부의 힘에 의해서 회전하는 청동 종동체에 왕복 또는 회전 운동을 하게 하는 장치이다.

즉 캠은 회전을 계속함에 따라 지레를 밀었다 놓았다 함으로써 피스톤이 상하 운동을 계속하는 장치였다.

이와 같이 회전 운동을 왕복 운동으로 전환시킴으로써 바퀴와 캠이 달린 굴대는 또 다른 기초적인 도구 요소의 가능성을 입증했던 것이다.

그러나 헤론이 고안한 가장 두드러진 장치는 '헤론의 구'라고 불리는 것이었다. 이것은 실용성이 없는 장난감으로서 삼각 받침대 위에 물이 든 작은 구리 항아리를 놓은 간단한 것이었지만, 이것이야말로 오늘날의 증기 터빈의 원조였던 것이다.

그것은 구리 항아리의 뚜껑에 뚫은 두 개의 구멍에 두 개의 파이프(그 중 하나는 속이 빈 것)를 꽂고 끝이 서로 마주보도록 각각 직각으로 구부린 모양이었다.

그리고 두 개의 끝을 축으로 하여 부착된 속이 빈 둥근 공이 자유롭게 회전하도록 되어 있다.

속이 빈 그 공은 축과 직각으로 교차하는 방향에 두 개의 작은 파이프가 나와 있고 각각의 끝이 서로 반대 방향이 되도록 직각으로 구부러져 있었다.

이것을 작동시키기 위해서는 항아리 밑에서 불을 피우면 되었다.

물이 끓으면 증기가 속이 빈 파이프를 통하여 공 속으로 들어가서 다시 구부러진 파이프를 통해 세차게 나온다.

이 증기의 뿜어내는 힘이 공을 경쾌하게 회전시키는 것이다.

그리스인들은 도구를 사용하려 하기 보다 아끼며 감상하고자 했다. 그래서 그리스의 도구들은 아름답고 우아했다.

그러나 그 이후 실용주의적인 로마의 기사들 손에서는 도구는 힘든 일을 해내는 장치로서만 사용되었다.

폰타인이라는 습지대의 배수로에서 그들은 흙투성이가 되어 가면서 도구 장치들을 만들었다.

그들은 단순한 바퀴를 응용하여 기본적인 원동력으로서의 수직형의 물레방아를 완성하였다.

이 새로운 물레방아는 건축가였던 비트루비우스가 최초로 그 모습을 묘사하였으므로 비트루비우스형 물레방아라고 불린다.

비트루비우스형 물레방아는 로마 제국의 실정으로 보아 가장 적절한 시기에 실용화되었다고 볼 수 있다.

그 무렵 로마 제국 군대의 세력은 쇠퇴하기 시작하였고 노예 제도도 기반이 흔들려서 수많은 노예들에게 노동을 강요하는 것은 바랄 수 없는 처지가 되어 있었다.

민중(백성)들은 값싼 빵을 원했던 것이다. 그러한 욕구를 충족시키기 위하여 로마의 기사들은 새로운 도구를 만들게 되었다.

예를 들면 4세기 무렵 아를 지방에 세워졌던 바르베갈의 제분소에서는 하루 10시간 가동으로 8만 명의 식사를 만들 수 있는 25톤의 밀가루를 생산해 냈다.

제분소란 가루를 만드는 곳을 말하는데, 특히 밀로 밀가루를 만드는 곳을 말한다.

시대가 변천함에 따라 사람들은 짐작으로만 개척해온 도구에 대한 지식을 더욱 확대하는 새로운 방법을 발견하게 되었다.

중세의 암흑 시대, 문화와 학술이 잠자고 있던 그 무렵에도 생산 기술만은 계속 발전하였다.

여기서 중세 시대는 서양의 중세를 말한다. 이 시기는 게르만 민족의 침입에 의하여 로마 제국이 붕괴하기 시작한 5세기부터 동로마 제국이 멸망한 15세기 중엽까지를 이른다.

중세 시대는 종교가 인간들을 지배하고 있던 시대로, 인간의 자유스런 과학, 예술 등등 모든 활동이 억압되었던 시대였다. 때문에 그 시기를 암흑 시대, 잠자는 시대 등으로 표현한다.

어쨌든 인간은 암흑 시대에 무기와 도구를 필요로 하였으며, 구식의 도구를 개량하고 새로운 도구를 계속 연구해냈다.

말의 편자(말굽에 대어 붙이는 쇳조각)나 그 밖의 각종 실용적인 마구(말을 부리는데 쓰는 기구)들이 발달하여

10세기경에는 말이 효과적인 동력으로서 많은 호응을 얻었다.

13세기경까지는 바람의 힘을 이용하는 강력한 풍차가 영국에서 러시아에까지 전파되었다.

그러나 증기가 출현할 때까지는 인간에게 유일하고도 최대인 힘의 원천은 물과 물레방아였다.

물은 저장이 가능하며 사료를 줄 필요도 없고 병들지도 않으며 늙거나 지치지도 않는다. 또한 바람처럼 변덕을 부리지도 않는다.

저장이 가능하다는 말은 곡식을 수확하여 곡간에 담아 두듯, 물을 모두 흘러가 버리지 않도록 담아 둘 수 있다는 뜻이다.

또 소나 염소 같은 짐승이 먹는 먹이 사료가 필요하지 않았다.

물은 산 위에서 흘러 내려와 커다란 물레방아를 쉬지 않고 돌려 주었다.

또한 물레바퀴로 작동하는 톱이라든가 기름을 짜내는 도구, 천을 짜내는 도구 등도 고안되었다.

더욱 흥미로운 것은 유럽 중부의 급류를 따라 풍부하게 매장되어 있던 금과 은 · 구리 · 철 · 아연 등을 파낼 때에

도 수력이 이용되었다는 사실이다.

급류는 물이 빠른 속도로 흐르는 것이고, 수력은 물의 힘이라는 뜻이다.

이제까지의 설명에서 보면, 물의 힘이 얼마나 강하고 많이 이용되는가를 알 수 있다.

대부분의 유럽이 물레방아를 사용했는데, 독일의 슈바르츠발트 지방(독일 남서부의 삼림 산악 지대)의 풍경을 그린 중세의 그림을 보면 새로운 도구화의 모습이 잘 나타나 있다.

풀무질하는 소리, 불꽃을 뿜는 용광로(높은 온도로 금속 광속을 녹여 그 속에 포함되어 있는 금속을 분리하고 뽑아내어 좋은 금속을 만들기 위한 큰 화로), 모루(금속을 가열하고 두드려서 필요한 형체로 만드는 작업에서 나온 쇠로 만든 기본틀)의 요란한 소리, 쉴새 없이 내리쳐지는 망치, 광석을 가루처럼 잘게 부스러뜨리는 도구들, 밧줄과 쇠사슬을 영차영차 하며 잡아당기는 사람들의 모습…… 이와 같은 광경은 물레바퀴의 회전 운동을 채광(광석을 캐어 내는 일)이나 야금(광석에서 쇠붙이를 공업적으로 골라 내거나 합금을 만드는 일)에 활용되어 도구의 놀라운 발전을 이루었다.

최초의 운동 변환 장치는 알렉산드리아의 헤론이 만들었던 캠 장치였다.

예를 들면 광석을 잘게 부스러뜨리는 도구인 광석분쇄기는 물레바퀴의 중심에서 툭 튀어나온 2~3개의 캠으로 되어 있었다.

캠이 회전을 하면 수직으로 부착된 축에 붙은 작은 페그(쐐기못 같은 것)를 아래에서부터 연속적으로 치게 된다.

축의 아래끝에는 무거운 금속 망치가 달려 있어서 각각의 캠이 축과 망치를 들어 올렸다 떨어뜨리게 되어 망치

아래에 놓인 광석을 분쇄하는 것이다. 다만, 망치의 무게가 광석을 완전히 분쇄하는데는 충분치 않을 경우도 있었다.

이와 같은 문제점을 해결하기 위하여 어느 직공(자기 손의 기술로 물건을 만드는 것을 직업으로 하는 사람) 한 사람이 탄력성을 지닌 용수철 받침대를 개발하였다.

13세기 프랑스의 그림에 묘사된 도구톱을 보면, 톱날 아래 끝에 부착된 틀에 캠이 작용하여 톱날을 움직이는 것을 알 수 있다.

캠이 회전하여 틀에서 벗어나면 그때까지 당겨져 있던 위의 받침대가 바로 서면서 톱을 위로 들어올린다. 2개의 자동적인 작용을 처음으로 상호 작용으로 연결시킨 것은 매우 기발한 착상이었다.

이윽고 이 생각은 선반에도 응용되었다.

선반이라는 것은 목재나 금속 등의 재료를 절단하거나 성형(형체를 만듦)하는 도구를 가리킨다.

오늘날 선반은 모든 공작 도구 중에서 가장 기본적인 도구로서, 현대의 대량 생산 욕구를 충족시키고, 1000분의 2밀리미터라는 믿기 어려운 오차(참값과 근사값과의 차이)로 나사나 크랭크 축, 그 밖의 필수적인 금속제 도구

부품을 만들고 있다.

12세기 프랑스나 독일의 작업장 선반들은 용수철 받침대 기구를 발로 밟는 페달에 연결시킨 것이었다.

페달과 용수철 받침대가 연결됨으로써 비로소 작업과 동시에, 보다 정확하게 그 작업을 조정할 수 있게 되었다.

선반과 용수철이 연결되어 도구로 사용되던 시기에, 기본적인 도구의 요소에 중요한 변화가 생겼다.

이 때는 중세시대로 기술자들은 풍차나 물레바퀴의 회전운동을 피스톤을 끊임없이 움직이기 위한 계속적인 왕복운동으로 바꾸기 위한 연구에 몰두하였다.

마침내 기술자들은 오늘날까지도 사용되고 있는 수동식 드릴(구멍을 뚫기 위한 공구)을 발명할 수 있었다.

한 기술자가 드릴의 커브(곡선)를 직각으로 만들어 거기에 연접봉(증기 기관이나 내연 기관 등에서 피스톤에 작용되는 동력을 크랭크축에 전하여 바퀴의 회전운동으로 변환시키는 일을 하는 대)을 연결시켰던 것이다.

이와 같이 하여 자동차나 항공기, 그 밖의 수많은 근대적 도구들의 핵심적인 요소, 즉 크랭크와 연접봉이 발명되었다. 연접봉은 크랭크와 피스톤을 연결하여 작동시켜 주는 도구를 말한다.

이러한 고안들은 지겹도록 단조로운 일을 해야했던 중세 사람들을 구원하였지만, 한편으로는 덩달아 그다지 바람직하지 않은 도구들도 나타나게 되었다.

그 중의 하나가 대포였다. 그것은 파괴를 목적으로 하는 최초의 가장 강력한 도구였으며, 그 후에 나타나게 된, 사람을 해치는 여러 가지 병기의 선구자였다.

대포가 나오면서 군사 산업은 급속도로 발전하기 시작했다. 100년 사이에 총기 제조업자들은 쇠붙이를 달구어 만

든 긴 철봉으로 무게 170~270킬로그램의 거대한 대포를 만들었다.

중세시대에 쇠붙이를 이용한 도구들이 나오는가 싶더니, 또 다른 두 가지 발명이 사람들에게 커다란 충격을 주었다.

그것은 시계와 인쇄기의 발명이었다.

시계의 발달은 시계 외에도 작고 정밀하고 교묘한 톱니바퀴에 관한 귀중하고도 실용적인 지식을 가져왔다. 사람들은 어떻게 하면 크고 작은 톱니바퀴가 서로 맞물려 추를 조절하고 작고 섬세한 태엽의 풀림을 조정할 것인가를 알게 되었다.

갈릴레이나 호이겐스의 진자(일정한 점 또는 일정한 축의 둘레를 일정한 주기로 진동하는 물체)의 연구, 경도(기울어진 도수)를 결정하는 항해용 크로노미터(온도, 기압, 습도 등의 영

향을 거의 받지 않는 휴대용의 정밀한 태엽식 시계), 그 밖의 모든 정밀 기계 등 주목할만한 과학적 업적을 가능하게 하였던 것은 바로 작고 정교한 톱니바퀴에 대한 지식이었던 것이다.

최초의 도구 장치 시계는 1335년 이탈리아의 밀라노에 있는 비스콘티 궁전의 교회 탑에 장치되었다.

그때부터 35년 동안에 30개 이상의 시계가 만들어졌으나 모두가 큰 모양의 시계였으며, 그 톱니바퀴들은 일일이 손으로 깎아 만든 것으로 추로 작동하는 것이었다.

추의 떨어지는 속도를 조절하는 문제는 관형 탈진기라고 하는 기묘한 장치가 고안되어 해결되었다.

이 장치의 핵심은 왕관의 모양을 닮은 데서 그 이름이 붙은 왕관 톱니바퀴였다.

왕관 톱니바퀴는 시계의 추가 당기는 힘으로 회전하는 하나의 바퀴에 의해 움직이게 되어 있었다.

왕관 톱니바퀴의 축에는 수직으로 금속봉이 달려 있었다.

2개의 작은 금속날이 그 금속봉의 두 끝에 고정되어 그것이 톱니바퀴의 둘레의 아래위 두 곳에서 접촉하고 있었다.

톱니바퀴의 회전 속도, 즉 추가 떨어지는 속도는 금속봉 위에서 흔들리는 '폴리옷'이라는 평형봉으로 조절되었다. 이것은 지극히 단순한 것이긴 하였지만, 시계의 관념과 개념에 혁명을 초래한 영웅적인 도구였다고 할 수 있다.

이 시계들은 운동을 도구적으로 조절하고 시간의 흐름을 도구적으로 측정하여 환경의 새로운 차원을 이룩하였으며, 무엇보다도 인간이 생각해 낸 질서를 시계에 부과하게끔 하였다.

도구장치 시계와 마찬가지로 인쇄술의 발명도 어느 특정 나라의 한 개인이 이룩한 업적이었다고 볼 수는 없다.

중국에서 시작된 제지술(종이를 만드는 기술), 화가들이 끓인 아마인유(아마의 씨로 짠 건성 기름)를 그림 물감의 원료로 사용하는 실험을 함으로써 비로소 발달하게 된 유성 잉크, 중세 유럽에서 종교적인 인쇄물이나 트럼프를 만드는데 사용한 판화 기술의 지식, 14세기 말에 한국에서 최초로 실용화된 1자씩을 만든 금속 활자의 고안, 독일의 대장장이에 의해 발달한 강철의 절단 기술과 무른 금속을 새겨서 문자들을 나타내었던 놋쇠 각인 기술, 나아가서는 고대의 헤론이 고안하여 오늘날에도 포도즙을 짜는 데 사용되고 있는 나사프레스의 채용 등, 인쇄술 또한 오랜 세

월에 걸친 끊임없는 노력을 통하여 얻어진 것이었다.

초기의 어느 인쇄공은 '나는 알파벳 26개의 금속 병사들로 세계를 정복했노라' 고 자랑스러워했었다. 그 인쇄공에게는 영어의 알파벳이 금속병사로 생각되었던 것이다.

인쇄술은 사람들이 갈망하는 지식의 교환을 충족시켜 주었다. 왜냐하면, 인쇄술이 발달됨에 따라 사람들은 문자를 통해 서로의 지식을 전달할 수 있었기 때문이다.

중세에서의 가장 두드러진 업적은 레오나르도 다 빈치라는 한 사람의 르네상스(문예 부흥) 정신으로 모아질 수 있다.

그는 거의 모든 종류의 도구 설계, 도구 원리의 도해(그림으로 글을 설명하는 것) 등에서도 탁월한 재능을 보였다.

바퀴와 수레

바퀴와 문명

오늘날 가장 널리 이용되며 또 숫자도 가장 많고 없어서는 안될 중요한 도구는 여러 가지 탈것, 즉 교통기관이라고 할 것이다.

기차 · 자동차 · 배 · 비행기 등은 모든 도구 기술의 집합이라고 하겠다.

그 중에서도 육지 위의 교통 기관인 기차나 자동차는 우리의 일상 생활과 너무도 밀접하게 관계되어 있다. 우리 친구들도 버스, 택시, 자가용, 전철 등이 없는 것을 상상하면, 우리가 지금 이용하는 교통 기관이 얼마나 중요한 것인가를 깨달을 수 있을 것이다.

기차나 자동차의 기원은 바퀴의 발명으로 거슬러 올라간다. 아주 볼품 없고 간단해 보이는 바퀴로부터 오늘날의 교통 문명이 발달할 수 있었던 것이다.

그러므로 수레바퀴의 발명은 인간의 가장 위대한 기술적 승리로 평가되어야 한다.

수레바퀴는 인간의 위대한 상상력에서 태어난 것이다.

5000년이 넘는 옛날에 이름도 알려지지 않는 수메르인에 의하여 수레바퀴가 만들어져, 문명을 결정적이고도 영구적(영원히 변하지 않는 모양)으로 변화시켰다.

실제로 수레바퀴가 사회에 미친 영향은 매우 크기 때문에, 국가의 발전은 그대로 수레바퀴를 사용한 수송 기관의 발전이라고 이야기할 수 있다.

고대의 농민은 짐수레를 사용하여 남는 곡물을 도시로 운반했고, 그렇게 됨으로써 도시 사람들은 농업 이외의 일에 종사할 수 있게 되었다.

앗시리아와 이집트에서는 전차가 강력한 군사력이 되어, 그 당시 가장 힘있는 왕국을 만들어 냈다.

고대의 앗시리아와 이집트는 힘이 강했던 왕국으로 많은 무기가 있었다. 그러면, 바퀴의 발명과 수레의 발달이 어떠한 길을 지나왔는가를 살펴보고, 그것이 문명에 끼친 영향이 어떠했는가를 지금부터 알아보자.

그러면 바퀴와 수레가 나오기 전에는 어떻게 짐을 운반

바퀴의 발달

했을까?

수레바퀴가 없었던 시대에는 인간이 무거운 짐을 끌어서 운반했다.

석기 시대의 사냥꾼이, 자신이 사냥한 동물을 가지고 돌아가기 위해 나무 줄기를 잘라 만든 것이 최초의 지상 운반 도구라고 추측되고 있다.

기원전 5000년경까지 그와 같은 소박한 도구는 점차 썰매로 발달했다.

이집트인은 피라미드를 만들 때 큰 기념비나 석회석을 운반하기 위해 썰매를 사용했다.

썰매가 개량되었을 무렵에는 아마도 굴림대(무거운 물건을 옮길 때, 그 밑에 깔아서 굴리는 쇠 또는 나무로 만든 원기둥체)를 고정시킨다고 하는 상태를 뛰어넘어 바로 수레바퀴가 사용되었다고 추측된다.

즉 썰매가 개량되었을 때에 굴림대를 받칠 생각을 하지 않고 바로 수레바퀴를 사용하게 되었던 것이다.

그러나 썰매에서 짐수레로의 완전한 전환은 아니었고, 모두가 금방 수레바퀴를 사용하였던 것은 아니었다.

이집트인은 나일 지방에 수레바퀴가 전해지고도 오랫동안 썰매를 사용하고 있었다.

왜냐하면, 모래가 많은 땅을 달릴 때에 수레바퀴는 빠지는 경우가 많지만, 썰매는 잘 미끄러지기 때문이다.

북유럽의 래플랜드 지방에서는 기원전부터 썰매가 사용되었는데 여름에는 습지대를, 겨울에는 설원이나 얼음 위로 물자를 운반하기 위해 사용되었다.

설원은 산지방 혹은 남극이나 북극 지방에서, 내려 쌓인 눈이 녹아 없어지지 아니하고 늘 쌓여 있는 지역을 말한다.

유럽인이 미국 대륙에 수레를 들여온 뒤에도 인디언들은 2개의 축을 브이자형으로 짠 썰매를 개에게 끌게 하고 있었다.

마차가 도입되었을 때에도 그들은 축의 두 끝에 수레바퀴를 달기 싫어하여 개를 말로 바꾸었을 뿐이다.

동물을 이용하던 사람들을 제치고 바퀴를 발명한 사람들이 있었는데 그들이 바로 수메르인이었다. 그것은 나무 수레바퀴로, 그 나무 수레바퀴는 통나무를 둥글게 자른 것이 아니라, 3장의 두꺼운 널빤지를 짜맞춘 것이었다. 그 이유에 관해서 어느 고고학자는, 메소포타미아 지방에는 큰 나무가 전혀 없었기 때문이라고 설명하였다.

옛 유물이나 유적으로 고대의 사실을 연구하고 살피는 일을 하는 사람을 고고학자라고 한다.

앞의 고고학자와 다르게 또 다른 학자는 수메르인들이 하나의 단독 수레바퀴이면 나무결을 따라 쪼개진다는 것을 알고 있었기 때문에 3장의 두꺼운 널빤지를 짜맞춘 것이라고 말하였다.

그러나, 왜 수메르인들이 3장의 두꺼운 널빤지로 짜맞춰서 수레바퀴를 만들게 되었는지는 아무도 모른다.

어쨌든 수메르인이 만든 수레바퀴는 튼튼하고 복잡한 것

이었다. 그 구조는 중앙의 한 장으로 된 두꺼운 널빤지 양쪽에 둥글게 다듬은 두 장의 두꺼운 널빤지를 각각 붙이고, 중앙의 수레바퀴에는 나무로 만든 축의 끝을 고정하기 위해 구멍을 낸 것이었다.

이 수메르인의 수레바퀴는 처음에는 짐수레에 이용되고 있었다.

그 짐수레에는 4개의 바퀴와 2개의 축이 있어 높낮이가 많은 지형을 다닐 때나, 강을 건널 때는 수레바퀴와 차축은 재빨리 분해할 수 있게 되어 있었다.

실제로는 간단한 썰매였던 셈이다. 짐수레를 끄는 것은 아마도 하나의 채(수레의 앞쪽으로 양옆에 댄 긴 나무)의 양쪽에 연결한 소였다고 생각된다.

그와 같은 초기의 짐수레는 이윽고 여러 마리의 노새나 소가 끄는 바퀴가 두 개 있는 이륜차로 바뀌었다.

수레바퀴가 보급됨에 따라 도로도 만들어졌고, 수레로 이동이 시작되었다. 초기의 소를 이용한 소달구지에 의한 여행은 이집트인에 의해 기록되어 있다.

그들이 그린 그림에서는 기원전 1194년에 아나트리아 지방으로부터 이집트 국경까지의 800킬로미터를 한 장으로 된 널빤지 수레바퀴가 달린 소달구지로써 이주자(다른 곳에 옮겨 가서 사는 사람)의 무리를 운반하는 것을 볼 수 있다.

소달구지를 이용하던 그들에게 새 수레가 나타났다.

그것은 기원전 2000년경, 소가 지닌 힘보다 오히려 말이 가진 속도를 살리기 위해 만든 아주 새로운 종류의 수레였다.

그 수레는 한 장의 널빤지로 만들어진 수레바퀴를 대신하여 바퀴살을 단 수레바퀴를 갖추고 있었으며, 고대에는

주로 고속 전차로 사용되었다.

그 전차의 위력으로 인도나 유럽의 언어를 쓰는 인도 · 유럽 어족은 이집트나 서남 아시아의 오래 된 문명국을 멸망시켰다.

바퀴살을 단 수레바퀴는 한 장으로 된 널빤지 수레 바퀴보다 만들기가 어려웠지만, 가벼워서 사용하기에 좋았다. 그 중심에는 수레바퀴의 앞끝을 끼워넣기 위한 구멍을 뚫은 나무 허브(살이 꽂히는 수레바퀴의 중앙 부분)가 있었다.

허브에는 구멍이 뚫려 있고, 허브와 둘레의 나무 테에 4~8개의 나무살을 끼워 넣게 되어 있었다.

수레바퀴의 테는 열을 가해 구부린 나무를 6장쯤 연결하여 만들었다.

바퀴살을 단 수레바퀴는 얼마 후에 더욱 개선되었다.

앗시리아의 전차는 타이어 부분에 수레바퀴의 내구성(오래 견디는 성질)을 늘리기 위해 수레바퀴 테 위에 최초로 구리나 청동의 얇은 판을 붙였다.

또 이집트에서는 숙련된 수레바퀴 목수가 얇은 판이나 맞춤구멍 등을 만드는 복잡한 기술을 이용하여 가볍고 튼튼한 수레바퀴를 만들었다.

서유럽의 켈트인은 하나의 곧고 긴 막대기를 완전한 원형으로 구부려 뛰어난 수레바퀴 테를 만드는 기술을 습득했다.

그 후에도 바퀴를 단 여러 가지 탈것이 등장했지만, 수레바퀴는 19세기가 될 때까지 계속 이용되었다.

수레의 개량

상업용으로, 또 육상의 수송용으로 말이 끄는 수레의 가능성을 처음으로 깨달은 것은 로마인이었다.

로마인이 만든 최초의 수레는 원시적인 그리스의 수레를 모범으로 삼고 있었다.

그러나 기원전 1세기까지 로마의 수레 직공은 서유럽의 켈트인의 훌륭한 짐마차를 알고 여러 가지로 개량하고 있었다.

짐마차의 개량은 훌륭한 것이었으나, 그 개량을 충분히 살릴만한 마구가 개발되지 않았기 때문에 말은 곧 지치고 말았다. 두드러지게 힘을 떨어뜨리는 흉대나 복대가 그때까지도 사용되었던 것이다.

천을 덧댄 능률적인 말의 목줄과 평행한 채가 보급된 것은 12세기쯤이다.

그렇지만 그보다 훨씬 전인 기원전 400년경 대단히 실용적인 수레가 이미 러시아의 대초원(넓은 초원)에서 발달하고 있었다.

그 수레는 지붕이 없는 농업용 마차로, 테 위에 천을 쳐서 차 전체를 싸면 육상의 여행용으로도 사용할 수 있었다. 이 편리한 수레는 서유럽의 여러 곳에 보급되었고, 현재도 많이 사용되고 있다.

또, 이것은 19세기에 미국에서 활약한 포장마차의 원형이라고 생각된다.

이 무렵 수레는 동양과 서양에 함께 사용되게 되었다. 로마 제국이 망하고 그 영토가 전란(전쟁 때문에 국가가 혼란한 상태) 상태에 있는 봉건제 영토로 분열했기 때문에 유럽의 수레의 발달은 크게 후퇴했다.

봉건제는 임금의 밑에서 여러 제후(봉건 시대에 일정한 영토를 가지고 그 영토내의 백성을 지배하는 사람)가 땅을 갖고 있으면서 각자의 영토내의 정치에 모든 권력을 갖는 국가 조직을 말한다.

로마 제국의 쇠퇴로 로마 시대에 만들어진 훌륭한 도로도 중세에 들어서자 몇 세기 동안이나 방치되었다.

그 시기의 가장 실용적인 탈것은 높낮이가 많은 험한 길에서도 달릴 수 있었던 이륜차였다.

한편 중국에서도 그것과 같은 유형의 수레가 몇 세기 동안이나 기본적인 수송 수단으로 사용되었다.

중국에서는 사륜마차를 사용할 수 있을 만한 도로가 없었기 때문이다.

그러나 기원전 200년 무렵이 되자, 겨우 내륙의 도시 장안으로부터 사방으로 뻗은 도로를 자갈길로 만들었다.

그리고 7세기까지 당나라의 지배를 받던 중국은 세계 제일의 상업의 중심지가 되고, 페르시아와 같은 먼 서방 국가로부터 중국의 비단이나 향료와 교환하기 위하여 여러 가지 상품을 실은 상인의 수레가 찾아왔다.

중국의 이륜차가 일본에 전해진 것도 그 무렵의 일이다.

그 수레는 실제적으로는 1000년경이 지나도 거의 변화가 없었던 것이다.

한편 그 무렵 유럽의 여러 나라는 급속하게 중세에서 벗

어나려 하고 있었다. 왜냐하면 중세는 억압되고 자유롭지 못했기 때문이었다.

중세를 벗어나려 하면서 새로운 종류의 수레가 나타났다.

프랑스에서는 검소한 농민들도 본래는 중세의 기사들을 태우기 위해 길러진 우수한 말을 자기들의 수레에 사용하기 시작했다.

또 오늘날까지도 프랑스의 농촌에서 널리 사용되고있는 카트가 생겼다.

카트는 차 몸의 뒷부분을 낮추어 흙이나 자갈이나 비료 같은 것을 뿌리는 도구이다.

그러나 이 수레 마차에는 두 가지 결점이 있었다.

이 수레 마차는 무겁고 약해서 사용하기에 불편했다. 그래서 오랜 세월 동안 수레는 튼튼하고, 보다 가볍고, 보다 날쌘 수레로 바뀌게 되었다.

또 지레를 응용한 브레이크를 단 대형 포장마차나 콩코드형 마차, 시원한 두 바퀴 접는 식의 1두 포장마차, 그 밖에 여러 가지 형의 마차가 출현했다.

수레는 각각의 용도를 가지고 있었고, 보다 나은 수송 수단으로 사용되어 왔다.

그러나 모든 마차에 공통된 결점이 있었는데 길이 자갈길이어서 목적지까지 가는데 오랜 시간이 걸렸다.

1817년에도 신시내티에서 뉴욕까지 짐을 운반하는 데에 50일이나 걸렸다.

미국 상원(상 · 하 양원 제도의 국회에 있어서 주로 귀족이나 관청에서 뽑은 의원 등으로써 조직된 의원) 위원회는 1816년에 다음과 같이 호소했다.

'미국에는 석탄 광산이 유용한 철광석 등의 산지에서 16킬로미터도 떨어지지 않은 곳에 있다.

그러나 철광을 옮겨 오는 운임이 너무 비싸게 들어 두 가지 물질이 모두 쓸모 없는 것이 되어 있다.

짐을 운반하는데 너무 많은 시일이 걸리자 가장 필요한 것은 수레를 움직이기 위한 힘과, 수레가 매끄럽게 달릴 수 있는 도로였다. 다행히도 그 무렵 영국과 미국에서는 창조력이 뛰어난 사람들이 이미 새로운 수송방식의 연구와 실험에 열중하고 있었다.

그들은 증기를 동력원으로 이용하여 강철 레일의 철도 위를 달리게 했던 것이다.

여러분들이 타고 여행을 다닐 수 있는 기차는 이렇게 여러 경로를 거쳐 만들어지게 되었다.

바퀴의 기원과 발달

바퀴는 인류의 발명품 중에서 가장 중요한 것 중의 하나이며, 모든 차량의 기본적인 부품으로 사용된다. 바퀴의 역학적 원리는 미끄럼마찰(sliding friction)을 굴림마찰(rolling friction)로 변화시켜서 물체가 이동할 때의 저항을 감소시키는 데 있다.

바퀴의 기원에 대해서는 여러 가지 설이 있으나, 일반적으로 '굴림대'와 '썰매'가 결합하여 생겼다고 한다. 굴림대는 무거운 짐을 옮길 때 그 밑에 넣고 굴리는 통나무로, 짐이 이동하면 뒤에 남는 불편함과 통나무이기 때문에 무겁다는 불리한 점이 있으므로, 이것을 개량하고자 연구하던 중에 막대 같은 굴대(차축)의 양쪽 끝에 원판을 붙이는 착상이 탄생하여 바퀴의 형태가 이루어진 것으로 생각된다.

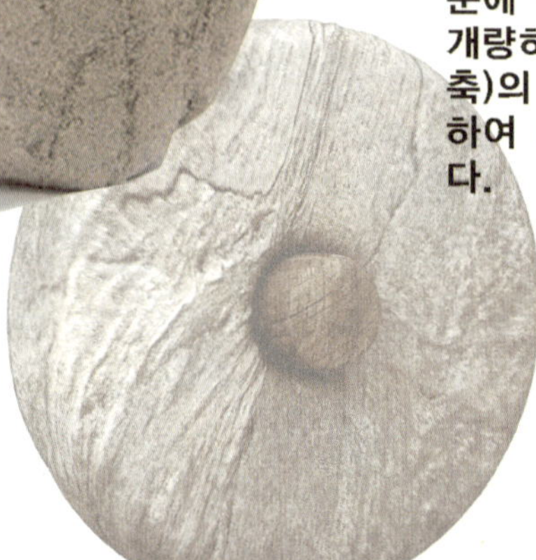

기원전 2000년경 새로운 형태의 바퀴가 등장했다. 이는 바로 바퀴살 바퀴이며 축대를 끼우는 중심 바퀴통에 테두리 바퀴를 연결하는 4~6개의 바퀴살로 이루어진 형태였다. 바퀴통에 연결된 바퀴살에 반달형으로 된 테두리 나무를 끼워 구리 못으로 고정해 바퀴살 바퀴를 완성했다. 이는 원판형 바퀴보다 가벼워 빠르게 굴러가고 충격 흡수력도 좋았다.

바퀴가 등장하기 전 짐을 운반하기 위한 도구로 나무썰매가 쓰였다. 나무토막을 널빤지처럼 엮거나 나무조각에 끈을 매달아 짐을 운반하는 방식은 기원전 7천년 경부터 사용된 것으로 기록되어 있다. 나무썰매를 이용한 방식으로, 사람이 어깨에 짐을 지고 운반했을 때보다 더 많은 짐을 쉽게 운반할 수 있게 되었다. 이후 소, 양, 염소, 나귀 등을 사육할 수 있게 되면서 나무썰매를 끄는 데 가축이 이용되기 시작했다.

바퀴살이 있는 바퀴의 출현과 함께 육상교통은 급속히 발달하였다. 바퀴살의 수는 시대와 지역에 따라 일정했으나, 시대와 함께 12, 14, 16으로 증가하고, 그리스나 로마에서는 쇠로 만든 타이어를 단 2륜전차가 사용되었다.

바퀴 굴대의 재료는 처음에는 목재였으나, 금속이 사용되면서 주요 부품에는 금속을 사용하게 되었으며, 이어서 고무바퀴, 공기를 넣는 고무타이어의 출현과 함께 동력기관과 결부하여 유궤도(有軌道) 무궤도 할 것 없이 비약적으로 발달하였다.

증기 기관차의 등장

궤도 위를 달리는 마차

이제 여러분들은 장난감 자동차가 철도 위를 달리는 모습을 보듯, 옛날 증기 기관차의 모습을 상상할 수 있게 될 것이다.

수증기를 이용하여 동력을 얻는 것이 증기 기관이라는 것은 앞에서도 여러분들에게 설명이 되었다.

증기 기관을 만든 올리버 에반스라는 과학자는 이러한 예언을 했다.

'증기 기관에 의해 사람들은 새가 하늘을 나는 것처럼 빨리 도시에서 도시로 여행할 수 있을 때가 올 것이다.'

그때에는 그 말이 이루어질 수 없는 것으로 들렸었다. 그러나 실제로 지금 우리는 기차를 타고 먼 곳을 여행하고 있다.

서울 안에서도 전철을 타고 버스보다 빨리 목적지를 갈 수 있을 뿐만 아니라, 서울에서 인천, 서울에서 구리, 서울에서 성남 등등 경기도까지도 빠른 시간내에 갈 수 있다.

뿐만 아니라 서울에서 광주, 서울에서 부산 등등 아주 먼 거리도 기차는 빠르게 달려 갈 수 있다.

그럼, 어떻게 이런 증기 기관차가 나오게 되었는지 그 과정을 알아보도록 하자.

유럽의 광산에서는 이미 1600년 이전에 수레바퀴를 가진 마차가 나무로 된 궤도 위를 달리고 있었다.

여러분도 수레바퀴 달린 마차가 나무로 된 길 위를 달려가는 모습을 상상해 보면 재미있을 것이다.

쇠붙이를 녹여서 물건을 만드는 일인 주물 공장 주인이었던 영국의 에이브러햄 다비라는 사람은 기관차에 대해 놀랄 정도의 기술을 발휘했다.

다비 아저씨는 우선 철도 재료의 하나인 침목과 가로대로 길을 만들었다. 그렇게 함으로써 3두 짐마차가 20마리 동원되는 것에 해당되는 짐을 운반했다.

3개의 짐마차가 말이나 소 20마리에 해당하는 짐을 운반한 것이다.

몇년 후에는 나무 길은 단단한 무쇠로 만들어지고 철도도 설치되었다.

이때 증기의 힘은 이미 사용되고 있었고, 몇 가지를 고치면, 여행하는 손님이나 우편물을 운반하는 화물열차를 움직일 수 있는 상태에 있었다.

뒤이어 증기뿐만 아니라 다른 도구들도 발명이 되었다.

제임스 와트라는 사람은 증기 기관을 응용하여 우리가 지금 많이 타고 다니는 차를 움직이려 하였다.

그러나 제임스 와트가 이용하려던 엔진에는 어떤 치명적인 한계가 있었다.

최초의 엔진은 증기를 모아서 실린더 안에 넣었을 때, 피스톤에 가해지는 공기의 압력(대기압)에 의해 작동한다는 것이었다. 그러나 와트의 엔진은 시간이 지나도 압력이 커지지 않았다.

이 도구들은 면으로 옷감을 짜는 면직기를 움직이거나 광산에서 사용하는 광산용 펌프를 작동하게 해 주었지만, 기차를 움직이는 데는 너무 크고 모양도 미웠다. 그래서 기차를 움직이게 할 수 있는 엔진이 발명되어야 했다.

그리고 드디어 기차에 이용할 수 있는 엔진이 나왔다.

기차용 엔진은 아주 오래전인 1769년 프랑스 육군의 기술자인 니콜라 퀴뇨라는 아저씨에 의해 발명되었다.

퀴뇨가 발명한 엔진은 2개의 피스톤에 대해 작용하는 높은 압력의 증기의 직접적인 힘으로 작동하는 엔진이었다.

그 엔진을 실은 차는 실제로는 시속 3.2킬로미터의 속도밖에 나오지 않았지만, 훨씬 더 속도를 낼 수 있는 가능성을 가지고 있었다.

퀴뇨가 발명한 엔진은 수레바퀴에도 영향을 미쳤다.

퀴뇨가 수레바퀴 자체에 힘을 전하는 엔진을 장치하게

된 후로부터 수레바퀴는 실제로 짐을 운반하는 지레의 구실을 하게 되었다.

그러나 퀴뇨는 불행하게도 때와 장소의 혜택을 입지 못해 자신의 연구를 완성시킬 수 없었다. 만약 그때 누군가가 퀴뇨의 발명을 도와주었다면 훌륭한 엔진이 나왔을 것이다.

기차를 움직이는 엔진을 만들어 냈으니 이제 배를 움직이는 엔진을 만들어 내야 했다. 그러면 누가 배를 움직이는 엔진을 만들었을까?

그 사람은 바로 에반스라는 사람이었는데, 에반스는 돛이 없는 작은 배인 거룻배를 움직이기 위한 새로운 종류의 엔진을 만들어 냈다.

이 엔진의 피스톤은 하나의 수평과 수직의 막대기로서, 수레바퀴에 연결되어 움직이기 때문에 재미있는 별명이 붙었다. 과연 어떤 별명일까 우리 친구들도 궁금할 것이다.

별명은 바로 메뚜기였다. 메뚜기가 움직이는 모습을 한번 상상해 보자. 엔진이 움직이기 시작하면 수평으로 된 막대와 수직으로 된 막대가 메뚜기의 뒷다리처럼 아래위로 움직이는 모습이었다. 그 모습을 실제로 본다면 참 재

미있을 것이다.

그러면 이제 트레비식의 기관차에 대해서 알아보기로 하자.

트레비식의 기관차

영국에서는 트레비식이라는 사람이 증기 기관차에 대한 연구를 하고 있었는데, 그는 1801년 최초의 동력기관차를 완성하고 시범 운전을 했다.

동력 기관차라고 하면 거의 자동으로 가는 기관차이니 그것을 발명하고 얼마나 기뻤을까? 트레비식은 친구들과 함께 그 차를 타고 언덕 위까지 올라갔는데, 안타깝게도 그 차는 파괴되고 말았다. 다행히 사람은 다치지 않았지만 무척 실망했을 것이다. 그런데 트레비식은 실망만 하지 않고 즉시 다른 증기차를 만들었다. 이때는 몇 가지 새로 개발된 기술이 첨가 되었다.

1829년경의 증기 기관차

물을 뜨겁게 해 주는 노라는 것이 보일러 안쪽에 장치되어서 높은 온도의 증기가 나오기 전에 물을 데워주었다.

그리고 그때까지 대부분의 증기 기관이 차를 달리게 하기 위해 사용하던 진공을 사용하지 않고, 피스톤의 왕복을 높은 압력의 증기인 고압 증기의 힘으로 했다.

그렇게 만든 증기 기관차는 최초의 시범 운전 때 시속 13킬로미터의 속도를 냈다.

트레비식이 만들어 낸 엔진은 1개의 피스톤을 세게 치기 때문에 시끄러운 소리를 내었다. 그러나 처음으로 번갈아 작동하는 한 쌍의 피스톤을 가진 엔진이 된 것이다.

또 그때의 기관차를 만드는데 가장 뛰어난 사람인 영국의 윌리엄 채프먼은, 벌써 8개의 수레바퀴 위에 길다란 객차(여행하는 손님을 태운 기차)가 있는 근대적 기관차를 생각하고 있었다.

즉, 지금 우리들이 타고 다니는 기차처럼 아주 길다란 차는 아니지만, 그 당시에 여러 사람을 태울 수 있는 가장 긴 기관차였다.

그 후 탄광의 감독이었던 윌리엄 헤들리라는 사람은 바퀴 바로 옆에 공기나 기체가 담긴 통이라 할 수 있는 실린더를 부착한 엔진을 만들었다.

그 후 증기 기관차에서 실린더는 원칙적으로 바퀴 바로 옆에 설치하게 되었다.

5톤의 증기 기관차를 완성한 새로운 엔진이 나오고 근대적인 기관차가 발명될 무렵, 탄광에서 말을 부리는 마부 노릇을 하던 도구를 잘 만지는 사람이 있었다.

조지 스티븐슨이라는 사람으로, 도구의 천재라 할 만치 도구를 잘 만졌다. 그래서 스티븐슨은 탄광을 오르내리는 승강용 엔진이나 점프를 수리하거나 변화시켜 고치기도 했다.

1813년 무렵이 되자 스티븐슨은 영국에서 가장 뛰어난 증기 기관 제작자가 되었다.

즉, 증기 기관을 가장 잘 만드는 사람이 된 것이다.

그는 1814년 7월 '블루처호' 라고 하는, 우리가 이사할 때 보는 트럭 2대를 합친 정도의 증기 기관차를 완성했다.

그리고 그 후 10년 사이에 그는 블루처호와 비슷한 크기의 기관차를 10대 이상 제작했다.

그가 설계한 기관차는 새로운 것을 만들었다기보다 원래 있던 기관차를 다른 모양으로 바꾼 것이었다.

기관차 만드는 일을 자랑스럽게 여기고 있던 스티븐슨은 '나는 나의 엔진을 사용한 철도가 운하보다 훨씬 튼튼하

다는 것을 확신한다.' 라고 말했다.

그리고 그는, 끝없이 이어지는 철도 위를 자신의 엔진으로 움직이는 기관차가 하루에 1,000명의 사람을 싣고 먼 거리를 왕복할 수 있을 것이라고 큰 소리 쳤다.

그의 말은 현실로 나타났고, 철도는 그가 말한 정도를 훨씬 뛰어넘어서 세계를 연결하는 중요한 통로가 되었다.

열차의 기원과 발전

증기 기관차

철도 기사인 스티븐슨의 권고에 따라 증기 기관차용 철도가 부설된 것은 1825년이었으며, 이때 그가 만든 기관차는 스톡턴과 달링턴 사이를 시속 15마일의 속도로 달렸다. 이는 유사 이래 가장 빠른 여행 속도였다. 그 뒤 그가 설계한 로켓 호는 처음 것의 두 배에 가까운 속도로 리버풀과 멘체스터 사이를 달렸으며, 그가 죽을 때까지 영국에서는 약 6,000마일의 철로가 부설되고 미국에서도 그와 비슷한 철로가 부설되어 철도 시대가 도래하였다.

전차(tram)

공중에 설치된 전선을 통하거나 전기를 공급하기 위한 제3의 레일을 통하여 전기를 공급받아 모터를 회전시켜 운행하는 대중교통용 차량이다.미국 샌프란시스코의 전차가 유명하다. 한국에서는 1898년 처음으로 청량리 서대문간 운행을 시작하였으며, 부산 및 평양에도 그 후 개설되었으나, 1969년 자동차에 밀려 모두 폐기되었다.

디젤 기관차

디젤기관차에는 기어식 전기식 액체식이 있다. 한국에서는 전기식 기관차를 사용하고 있으므로, 일반적으로 디젤전기기관차라 부른다. 최초의 디젤기관차는 1912년에 운행되었으며, 제2차 세계대전 후부터 널리 이용되어 왔다. 디젤기관차는 동력을 만드는 기관차 1 4량을 연결하여 사용한다. 이때 연결된 기관차들이 내는 힘을 합해서 디젤기관차가 끄는 힘을 마력(hp)으로 나타낸다.

전기 기관차
궤도 위에 전차선을 가설하고 가선(架線) 으로부터 교류 25 kV의 전기를 공급받아 운행하는 동력집중식 기관차이다. 최근 우리나라의 주력 전기기관차는 2축 3대차의 형식이며, 그 특성으로는 최고 허용속도가 150 km/h, 중량 124t, 견인력 3,000Hp이다. 한국은1972년 6월 처음으로 전기기관차를 도입, 비교적 구배가 심하고 곡선이 큰 중앙선 태백선 영동선을 운행하는 디젤기관차를 전기기관차로 대체하였다.

지하철
땅속에 굴을 파서 부설한 철도로 주로 대도시의 대중교통으로 사용된다. 세계의 많은 도시에서 채택하고 있으며 신속성 정확성 안전성 대량수송성 쾌적성 저공해성 저렴성 등 많은 장점을 지니고 있다.

고속열차
전용노선을 가지고 고가속, 고감속 성능과 총괄제어기구를 갖춘 철도로 고속철도의 정의는 시대적 시간가치와 사회적 여건에 따라 다소 차이가 있는데 오늘날 바퀴식 철도 최고속도가 350km/h 이상까지 가능한 기술 수준을 고려할 때 열차 최고속도 200km/h 이상으로 달리는 철도를 고속철도라 한다.

자동차

도구에 의해 만들어진 차가 나오기 전에 짐을 나르기 위해서 사람이 차를 직접 끌거나 말이나 소를 이용했던 것을 우리 친구들도 알고 있을 것이다.

마차는 바로 말을 이용한 것이고, 우차는 소를 이용한 것이었다.

그런데 시대가 점점 발달하면서 말이나 소를 이용하지 않고도 차를 움직일 수 있게 되었다.

증기 기관차도 그 중에 한 가지였는데, 증기 기관차를 움직이려면 석탄을 쌓아 놓고, 물을 담아 놓아야만했다.

이렇게 석탄과 물을 실어야 했기 때문에 차의 무게는 무거웠고, 석탄을 마련하기 위해서는 비용이 많이 들었다.

그래서 사람들은 좀더 간편하게 차를 움직일 수는 없을

까 하고 생각하게 되었다.

이러한 생각을 하던 사람들 중에 다임러라는 발명가가 있었다.

다임러는 독일의 발명가였는데, 그는 자동차가 나오기 훨씬 전에 비행기나 오토바이 등에 쓰이는 가솔린엔진이라는 것을 최초로 발명했다. 이렇게 다임러가 가솔린 엔진을 발명한 것은 자동차를 달리게 하는 시초가 되었다.

다임러는 가솔린 엔진을 발명한 것을 가지고 어떻게 사용해 볼까 하고 연구하였다.

그렇게 연구해서 자전거에 시험을 해 보았다. 그리고는

자동차와 오토바이에도 실험을 해 보았다. 자전거에서도 자동차와 오토바이에서도 그의 실험은 성공이었다.

그는 자전거의 발명가가 된 동시에 자동차와 오토바이의 아버지가 되었다. 사람들은 가솔린 엔진을 처음 발명해서 자동차와 오토바이를 만들어 낸 그를 자동차와 오토바이의 아버지라 부르게 된 것이다.

날으는 컴퓨터 자동차

자동차 산업이 발달함에 따라 사람들은 점점 더 빠른 속도와 안전성, 그리고 실용성을 찾게 되었다. 하늘을 날지 않고, 지상을 달리는 차로서 가장 빠른 기록을 가진 것은 1983년에 영국의 리처드 노블이라는 사람이 제작한 「트러스트-2」라는 제트카였다. 제트추진장치로 달리는 트러스트-2는 당시 시속 1천 Km로 달려, 지상에서 가장 빨리 달린 기록을 지금까지 보유하고 있다.

그러나 자동차가 지상을 달리는 데에는 어느 정도 속도에 한계점이 있다.

왜냐하면 지상을 달리는 데에는 지면과의 마찰에서 생기는 속도저해요인이 있기 때문이다. 지금도 수륙양용 자동차가 있지만 앞으로의 시대는 수륙공겸용 자동차가 등장할 것이다.

물론 그렇게 되기 위해서는 자동차를 만드는 재료인 신소재의 개발이 있어야 한다.

하늘을 날으는 비행기를 만들 때는 가벼운 특수 알루미늄 합금 신소재가 필요한 것처럼 말이다.

며칠 전, 수십 년 동안 세계 자동차업계의 숙원이었던 꿈의 강판이 세계 최초로 한국에서 개발되었다는 뉴스가 있었다. 이 신소재는 현재의 자동차용 강판보다 강도가 3배나 되면서 성형과 용접이 쉬워 수년 내로 세계 자동차 제조에 커다란 혁신을 가져다 줄 것이 확실하다고 한다.

지금도 고강도 알루미늄 합금을 사용하여 차체의 무게를 줄이고 있지만 알루미늄 합금은 자동용접이 어렵고 가격이 비싸 스포츠 카에만 일부 사용되고 있다.

미래의 자동차로는 1976년 여름, 외국의 공과대학에서 연구 발표된 농도차 에너지 〈CDE〉카아의 경우를 들 수 있다.

CDE(씨디이)카아 1호라고 이름 붙인 이 차는 세계 최초로 진기한 엔진을 싣고 있었다. 즉 그 엔진은 용액의 농도차로부터 동력원을 끄집어 낸 것이다.

짙은 가성소오다라든가 짙은 황산을 물로 묽게 하는 실험을 해 본 적이 있는 사람이라면 물이 끓는다는 것을 알 수 있다. 그것은 용액이 묽어질 때 대량의 열을 내기 때문이다.

그것은 산과 알칼리, 또 소금이나 설탕에서도 마찬가지이지만, 짙은 용액일수록 그 내부에는 큰 에너지를 가지고 있어 묽게 하면 그 에너지가 열이 되어 나온다. 이것을 '희석열' 또는 '용해열'이라고 부르는데 CDE〈농도차 에너지〉차의 경우 이 희석열 외에, 농도차에 의해서 일어나는 여러 가지 현상도 이용되고 있다. 이러한 연료 혁신의 자동차는 산업공해 때문에 대기 및 수질오염 등으로 중병이 걸려 있는 지구의 미래에 큰 도움이 될 것이다.

자동차 도난방지 전문시스템, 출입문용 비밀번호 입력식 도어록 기능, 자동차 자동 정속 주행 장치, 좌우회전, 후진, 주차시에 '감사합니다.' '미안합니다.' 등의 문자를 전광판으로 나타내는 기능, 공기정화기능, 또한 그 모든 기능을 실내에서 버튼 하나로 작동하는 등의 편리한 장치는 지금도 사용되고 있다.

그러나 미래의 자동차는 자동차 차체에 컴퓨터 시스템이 도입되면서 더욱 눈부시게 발달할 것이다. 자동차 도어는 차주인의 지문에 의해 도어에 손만 대면 열리게 된다. 그러나 물론 다른 사람이 열려고 하면 절대로 열리지 않게 된다.

또한 경유지와 도착지를 말해 주면 정확하게 그곳에 도착한다. 물론 인간의 부주의와 실수에 의한 교통사고는 정밀한 컴퓨터의 작동에 의해 결코 일어나지 않는다. 교통도로가 복잡할 경우에는 공중을 날아 올라 목적지에 도착하기도 한다.

즉 날으는 컴퓨터 자동차의 꿈이 실현 될 것이다.

이러한 자동차는 주인을 알아보기도 하고 생각하고 판단까지 해서 위험으로부터 탈출하기도 할 것이다.

자동차는 어떻게 움직이나

자동차에는 앞쪽에 4~6개의 원통이 중앙에 세로로 나란히 놓여 있다.

그리고 원통 안의 피스톤은 크랭크에 의해서 크랭크케이스라고 하는 기관의 대에 세로로 받쳐져 있다. 그 뒤쪽에는 톱니바퀴가 달려 있는데 이것은 운전석 앞쪽의 내부에서 돌고 있다.

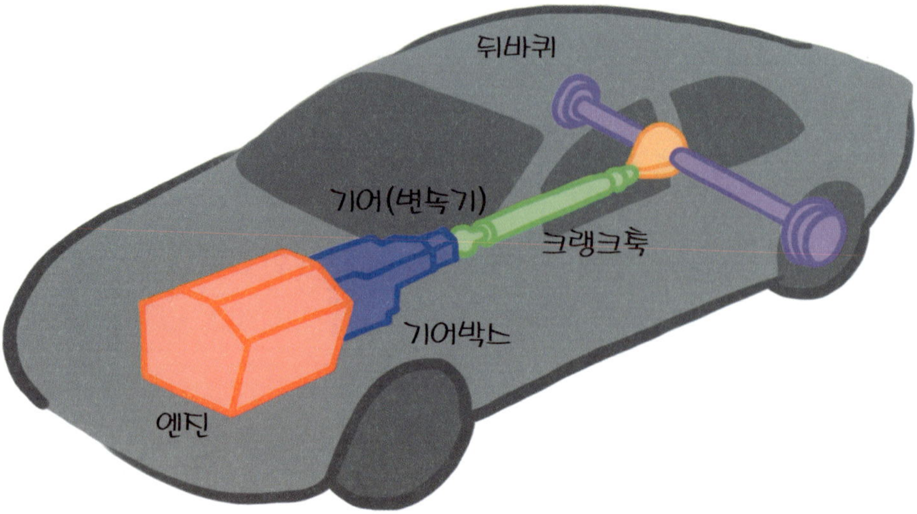

크랭크는 앞에서도 설명이 되었듯이 왕복 운동을 회전 운동으로 변화시키거나, 회전 운동을 왕복 운동으로 변화시키는 장치를 말한다.

앞쪽에 나란히 놓여 있는 원통의 옆에는 기화기가 달려 있는데, 그곳에는 보통 차 뒤쪽에 있는 연료를 저장해 두는 연료 탱크로부터 펌프에 의하여 가솔린이 밀려들어가게 되어 있다.

여기서 기화기는 가솔린 기관에서, 가솔린의 날아가는 성질인 휘발성을 이용해서 가솔린을 공기와 적당히 섞어 폭발성의 혼합 가스로 만들어, 원통의 실린더 안에 공급하는 가스 발생 장치이다.

바로 기화기에 가솔린이 밀려들어가는 것이다. 또 앞쪽에 나온 축의 한쪽에는 톱니바퀴가 달려 있는데, 그것은 발전기를 돌려 전기를 일으키는 역할을 하고 있다.

이것은 프레임이라는 것으로 자동차의 앞 부분에 붙어 차의 앞쪽과 옆쪽에 있는 헤드라이트나 차 안의 여러 전등에 전류를 공급하고 있다.

이 프레임에는 앞뒤에 스프링이 있어, 차의 축을 받쳐 주고 있다.

또 자동차를 뒤쪽에서 보면, 차 양쪽의 중앙이 북과 같이 불룩하게 되어 있는 것을 볼 수 있다.

바로 이 북과 같은 곳의 내부에, 엔진에 의해 직접 회전되는 세로의 축이 '기어 상자' 라고 하는 것을 통하여 들어가게 된다. 거기에서 마치 물고기의 뼈 모양으로 된 톱니바퀴에 물리면서, 똑같은 톱니바퀴가 차의 축을 돌리도록 되어 있다.

즉 가로의 회전으로 바꿔 주는 일을 하고 있는 것이다.

이렇게 해서 자동차는 움직이게 되는데, 여러분들이 지금 설명하고 있는 내용을 모두 알아듣기는 힘겨울 것이다.

그러나, 자동차가 무작정 열쇠를 꽂는다고 해서 움직이

는 것도 아니고, 기어를 밟는다고 해서 움직이는 것도 아님을 알았을 것이다.

자동차를 움직이게 하기 위해서는 모든 과정에 맞는 순서가 있는 것이다. 그러면, 자동차가 어떻게 움직이는가를 알았으니, 실제 운전하는 것에 관하여 알아보자.

여러분들도 나중에 어른이 되면 자동차를 스스로 운전하게 될 것이다.

그 때를 대비해서 어떻게 운전을 해야 하는지 익혀보자.

출발~ 부릉-부릉-부르릉.

옛날 초기의 자동차는 시동을 걸 때, 차의 앞부분에 있는 조그만 구멍에 핸들을 꽂고, 그것을 힘차게 돌리면 엔진이 움직이면서 큰 소리를 냈다.

이 소리 때문에 엔진 부분이 터지지는 않을까 하는 염려도 있었겠지만, '타이밍' 이라는 것이 있어서 안전하다. 초기의 자동차가 움직이는데는 이러한 큰 소리 때문에 염려스러웠고, 또 운전이 복잡했다.

그러나 요즘의 자동차는 '시동 모터' 라는 것이 있어서 운전석 앞에 붙어 있는 단추를 누르거나 키를 돌리면, 엔진이 움직이도록 되어 있다.

우리 어린이들도 아빠가 자동차 문을 열고, 처음에 어떻게 시동을 거시나 보면 이해가 갈 것이다.

이제 엔진이 움직이면 운전석에 앉은 아빠께서 출발준비를 하시고, 때로는 회사로 때로는 우리 친구들과 즐거운 나들이를 떠나실 수 있다.

그런데 엔진이 움직이기 시작한다고 바로 자동차가 움직이는 것은 아니다. 아빠가 시동을 걸면 엔진이 움직이긴 하지만 차가 움직이는 것은 아니라는 것이다.

여러분들도 아빠가 운전하실 때 보면 알 수 있을 것이다. 만약 자세히 보지 않았던 친구가 있다면 자세히 보기 바란다.

그럼 왜 엔진은 움직이는데 차는 움직이지 않는 걸까? 궁금증을 풀어보자.

이제 그 이유를 알아보도록 하자.

그 이유는 엔진을 따라서 회전되는 세로의 축이, 뒤쪽에 있는 바퀴와 쭉 연결되어 있는 하나의 축이 아니고, 톱니바퀴에서 끝나고 있기 때문이다.

엔진은 톱니바퀴에서 끝나게끔 되어 있는 것이지 뒤까지 연결되어 있는 것이 아니라는 뜻이다.

그리고, 톱니바퀴는 클러치라고 하는 장치와 축으로 연결되어 있고, 클러치는 엔진의 축과 연결되어 같이 돌도록 되어 있

다.

이렇게 서로 연결되고 연결되지 않은 것이 있어, 엔진은 움직이지만 차는 움직이지 않는 현상이 생기는 것이다.

엔진의 축과 연결되어 있는 축을 제2의 축이라고 한다면, 이 제2의 축은 바로 기어 장치에 넣어지는데, 이것은 바로 톱니바퀴에서 끝이 난다.

그리고 제2의 축은 뒤쪽에 있는 차바퀴의 축에 전달되어 제3의 축과 만난다.

결국 제2의 축과 제3의 축이 이어져 뒤 상자 안에 있는 톱니바퀴와 맞닿는 것이다.

기어라는 것은 톱니바퀴 회전 속도를 톱니바퀴의 변환에 의하여 변동시키는 장치이다.

결국 기어 장치가 작동하여 제2의 축, 제3의 축에 자동차를 움직이는 동력을 연결할 때 자동차는 움직이는 것이다.

이제 우리 어린이들도 엔진이 움직일 때 왜 자동차가 움직이지 않는지를 알았을 것이다.

도구도 따로따로 떼어 놓으면 이렇게 움직이지 않는다. 서로 연결되어 있는 끈들을 잘 연결해 줄 때, 모든 장치들이 작동을 해서 하나의 차가 움직이게 된다.

자동차를 어떻게 나아가고 멈추게 하는지 알아봅시다.

자동차에는 엑셀레이터와 브레이크 패달이 있습니다.

엑셀레이터를 밟으면 많은 양의 가솔린이 엔진으로 들어가기 때문에, 축의 회전이 점점 빨라지게 되고, 동시에 클러치가 제2의 축을 강하게 물고서 엔진을 돌리기 시작한다. 그러면 뒤쪽의 차바퀴를 돌려 자동차는 앞으로 나아갑니다. 이때 브레이크를 밟으면 차가 멈추게 됩니다.

최초의 자동차와 발전

1771년 프랑스의 니콜라스 조셉 쿠노가 만든 최초의 증기기관 자동차.

고종황제의 어차
1903년 대한제국의 고종황제가 즉위 40주년을 맞아 미국 공관을 통해 포드 승용차 1대를 칭경식(稱慶式) 의전용 어차로 들여왔다. 바로 이 차가 우리나라에 등장한 최초의 자동차로 기록된다. 그러나 고종의 어차는 이듬해인 1904년 러일전쟁 중에 자취를 감추어 현재 실물은 남아있지 않다. 물론 1890년대 후반 서양 외교관이나 선교사들이 갖고 들어온 차가 있었지만, 정식 절차를 밟아 국내에 수입된 차는 어차가 처음이기 때문에 1903년을 한국 자동차의 원년으로 보는 견해가 일반적이다.

시발 택시
우리 손으로 만든 이 첫 국산차는 국산화율이 50%나 되어 긍지가 대단했으나, 한 대 만드는데 4개월이나 걸려, 시발차의 값이 8만환으로 사가는 사람은 별로 없었습니다. 그러다 1955년 광복 10주년 기념 산업박람회에서 시발차를 출품하여 최우수 상품으로 선정됨과 동시에 대통령상을 수상함으로써 시발차를 사가려고 고객들의 문정성시를 이루었다고합니다.

속도 혁명의 출발점인 자동차 산업은 오늘날 각종 첨단산업의 집합체로 미래 주도권 다툼의 핵심이 됐다. 거대 자동차 기업들이 벌이는 경쟁은 전쟁을 방불케 한다.

2차대전 패망 후 출발한 일본이 그들만의 생산방식과 틈새 시장을 노린 전략으로 50년 가까이 앞서 있던 미국을 앞지르고, 히틀러가 부흥시킨 독일의 자동차 산업이 만인을 위한 차 '비틀' 과 고급차 벤츠로 유럽의 자존심을 지키고, 오랜 1등의 자리에서 안주하던 미국의 '빅3(포드, 크라이슬러, GM)' 가 뒤늦게 체질 개선에 나서게 되는 자동차 선진국의 과거와 거대 아시아 시장을 놓고 패권을 다투는 현재와, 꿈의 자동차를 향해 기술 전쟁을 벌이는 미래까지 30여년 만에 세계 4강을 넘보는 한국은 후발 주자로 출발했지만 눈부시게 급부상중이다.

모노 레일

우선 모노(Mono)라는 말은 '하나' 라는 의미이고, 레일(rail)은 '기차가 다니는 길' 을 말한다.

그러니까 모노 레일은 '한 줄로 된 길 위를 달리는 기차도로' 가 되는 것이다.

즉 우리가 보는 열차가 두 개의 길 위를 달린다면, 모노 레일은 하나의 길 위를 달리는 것이다.

그러면 모노 레일이 어떻게 생기게 되었는지를 살펴보기로 하자.

기차는 비행기보다 사람과 짐을 더 많이 실어 나를 수 있다. 기차는 비행기보다 길어서 사람과 짐을 많이 실을 수는 있지만, 비행기보다 느리다.

그러면 왜 기차는 비행기보다 속도가 떨어지는 걸까?

비행기는 공중에서 날아다니고 기차는 땅 위로 다니기

때문일까?

우리 친구들이 밖에서 놀다 보면 비행기 소리가 들리면서 비행기가 하늘을 날아가는 모습을 보았을 것이다. 그 모습을 보면 비행기의 바퀴는 기차의 바퀴처럼 어떤 길이 없이 날아가는 것을 볼 수 있다.

그러나 기차는 기차의 바퀴와 레일이 맞닿아 달리고 있는 모습을 볼 수 있다. 이것은 차바퀴와 레일이 맞닿아 달리면서 마찰을 일으키고 있는 것이다.

또한 바퀴가 균형을 잡고 잘 굴러갈 수 있도록 해 주는 차축과 차바퀴 사이에도 마찰이 있다.

차축은 차바퀴가 돌아갈 때 중심이 되는 쇠막대기를 말한다.

비행기가 약간의 공기 외에 거의 마찰 없이 바람을 가르

며 나아가는 것에 비해, 기차는 여러 곳이 마찰을 일으키면서 달리기 때문에 비행기보다 속도가 뒤떨어지는 것이다. 이런 현상은 우리 친구들도 금방 이해가 될 것이다.

떨어지는 물을 생각해 보았을 때, 똑같은 높이의 폭포가 두 개 있다 하자. 그 때 한 폭포의 물은 중간에 아무것도 없이 떨어지게 하고, 또 한 폭포의 중간에는 큰 바위를 끼워 넣어 물을 떨어뜨린다고 하자.

이랬을 때, 어느 폭포의 물이 빨리 떨어질까? 우리 친구들도 한 번 생각해 보자. 두 말할 것 없이 중간에 아무 장애 없이 떨어지는 물이 빨리 떨어진다.

중간에 바위를 끼워 넣은 폭포의 물은, 바위에 한 번 닿았다가 내려와야 하기 때문에 당연히 늦게 떨어지게 된다.

기차와 비행기의 이런 원리를 생각한다면, 우리 친구들

도 아하 그렇구나! 하고 동감하게 될 것이다.

왜냐하면 기차는 차축과 차바퀴의 마찰이 있고 비행기는 마찰이 있기 때문이다.

모노 레일은 바로 기차가 마찰때문에 속도가 느린 것을 최대로 빠르게 한 것이다.

그러나 모노 레일이 원래 속도를 줄이기 위해서 만들게 된 것은 아니었다.

그럼, 누가 무엇 때문에 모노 레일을 발명하게 되었을까?

프랑스의 찰스 라뎅이라고 하는 사람은 도구를 연구하는 학자였다.

그는 알제리아라고 하는 곳의 철도가 가끔 모래로 뒤덮여 교통이 끊기는 것을 보게 되었다.

알제리아는 사막이기 때문에 모래가 많은 지역이다. 이 광경을 보고 라뎅은 여러 가지 연구를 하다가 모노레일을 발명하게 되었다.

먼저 그는 사막을 여행하는 대상이 낙타 등에 짐을 양쪽으로 실은 것을 보았다.

대상이란 사막과 같이 교통이 발달하지 않은 지방에서 무리를 짜서 코끼리나 낙타 등을 이용하여 무기와 식량을

준비해서 여행하는 상인들을 말한다.

라뎅은 그것을 보고 적당한 높이의 기둥 위에 한 개의 길을 올려놓아 그 위를 상자 모양의 차가 붙어 달릴 수 있게 만들었다.

즉 차가 거꾸로 매달려 가는 것처럼 보이게 만들었다. 이렇게 높은 곳에 길을 만들었으니 모래에 파묻힐 염려는 없었을 것이다. 이렇게 만든 모노 레일은 처음에는 밧줄로 움직였다.

그러나, 그 뒤에 영국의 벨이라고 하는 사람이 밧줄보다 더 큰 힘을 가진 증기 기관으로 움직이게 하였다. 사람들이 이 모노 레일을 잘 사용하였지만, 하나의 길로 달리기 때문에 불안한 점도 있었다.

그래서, 이런 불안한 모노 레일을 개선한 새로운 방식의 모노 레일이 생겨나게 되었다.

이 새로운 방식의 모노 레일을 연구해 낸 사람은, 오스트레일리아의 시계를 잘 만드는 프레널이라는 사람이었다.

그는 멈출 때에 불안하고 속도가 느렸던 모노 레일을, 안전하게 정지도 되고 속도도 빠른 모노 레일로 바꾸었다.

프레널은 자신이 연구한 특별 장치로 한 개의 길 위에서 열차가 안정되게 움직일 수 있게 하였다.

그의 특별한 장치의 원리는 팽이의 원리와 같은 것이었다. 우리 친구들 중에도 팽이를 본 친구가 있을 것이다. 그 원리라는 것은 팽이가 한 점을 중심으로 돌면서 안정을 찾는 것과 같은 원리이다. 팽이의 중간을 보면 못 같은 것이 박혀 있어서 몸은 뚱뚱한데 밑에 뭔가 튀어나온 것을 볼 수 있다.

팽이는 튀어나온 것이 중심이 되어 돌아가는 것을 알 수 있다.

그리고 팽이는 빨리 돌릴 때에는 약간 기울어져도 곧 안정을 되찾는다.

모노 레일이 한 개의 길 위에 설 수 있는 원리는 바로 팽이가 설 수 있는 것과 같은 이치이다.

그럼 어린이 여러분들은 모노 레일을 생각하면서 줄타는 팽이를 상상해 보라.

우리 어린이들이 줄 타는 팽이를 실제로 보기는 힘들 것이다. 그러나 얼마전에는 줄 타는 팽이가 있었다.

이것은 금속의 바퀴를 축에 연결하여 거기에 납으로 된 바퀴가 붙어 있게 한 것인데, 테의 한쪽에는 끝이 뭉툭하게 된 작게 튀어나온 배꼽 같은 것이 달려 있었다.

그리고 납의 바퀴축에 실을 감아 놓아 이 실을 강하게 잡아당겨 바퀴를 빠르게 회전시켜 놓고, 그 배꼽 같은 것을 줄 위에 올려놓으면, 이 바퀴는 줄을 타게 된다. 바퀴가 줄을 탄다는 것은 정말 신기한 일이다. 그렇지만 기차가 달리는 바퀴 밑을 보면 줄을 타는 모습인 것을 알 수 있다.

줄을 타는 이 팽이를 '자이로스코프', 우리말로 '회전기' 라고 한다.

프레넬은 바로 이 회전기에 관해 깊이 연구하여 모노 레일에 응용하였다.

프레넬은 모노 레일에 회전기를 장치하여, 회전기가 계속 돌면서 열차의 안정을 유지하도록 연구한 것이다.

그러면 프레넬이 발명한 특수 모노 레일 열차의 구조에 대해 알아보기로 하자.

먼저, 모노 레일을 움직이는 힘은 석유 엔진으로 전기를 일으켜, 전기의 힘인 그 전력을 이용하는 것이다.

이 석유 엔진은 큰 엔진과 작은 엔진 두 개로 되어있는데, 큰 엔진은 모노 레일의 앞뒤에 각각 붙어 있는 모터를 돌려 차바퀴를 움직이게 한다.

그리고 작은 엔진의 회전기인 자이로스코프를 돌려 공기 압축기를 움직여 전등을 켰다 껐다 할 수 있게 한다. 그러니까 석유의 큰 엔진은 차바퀴를 돌리게 하고, 작은 엔진은 전등을 움직이는 작용을 하는 것이다.

그럼, 모노 레일의 균형을 맞추어 주는 자이로스코프에 대해서 알아보기로 하자.

자이로스코프는 운전대에 두 개 있는데, 이것은 아래위로 돈다.

그리고 모노 레일에 쓰이는 이 자이로스코프는 모노레일 만큼 무거워야 할 것 같지만, 실제로는 모노 레일전체 무게보다 15배 정도 작으면 된다.

몸무게가 30킬로그램 나가는 친구가 있다면 그 친구를 움직이게 하기 위해서는 2킬로그램 나가는 회전기만 있으면 된다.

이 자이로스코프의 바퀴는 1분 동안에 3번 도는 속도로 돈다.

그리고, 바퀴의 축을 받는 곳은 마찰을 적게 하기 위해

얼어 있는 나사 모양의 관을 아래에서 오는 기름이 떠받치는 것같이 되어 있다.

그리고 한 번 사용한 기름은 다시 기름 탱크에 보내지 않고 바람에 날려 버린다.

왜냐하면 한 번 사용한 기름을 다시 사용할 경우, 이미 사용한 것이어서 기름의 성능이 떨어지기 때문이다.

자이로스코프의 바퀴는 작지만 빠른 속력으로 도는데 이 바퀴는 전력을 끊어도 한 시간은 계속 돈다.

그리고 이 두 개의 바퀴는 서로 다른 방향으로 돈다.

왜냐하면 두 바퀴가 같이 한쪽으로만 돌고 있으면, 모노레일 열차가 일직선으로만 달려가서 철도의 길이 굽은 곳에서는 탈선될 수 있기 때문이다.

열차가 철로를 빠져 나가는 것을 막기 위해 두 개의 바퀴를 각각 다른 방향으로 돌게 한 것이다.

이 자이로스코프는 아주 예민하면서도 직각의 위치를 유지한다. 그래서 강한 바람이 열차의 왼쪽에 부딪쳐 열차가 오른쪽으로 기울어도 자이로스코프는 위치를 지키면서, 그 축의 오른쪽 끝이 열차와 함께 기울어져 어떤 판을 누르게 된다. 그러면 자이로스코프의 회전은 빨라지면서 열차는 다시 제자리를 찾게 되는 것이다.

기선의 발달

우리 친구들 중에 롯데 월드나 어린이 대공원에서 보트를 타 본 경험이 있는 친구들이 있을 것이다. 또 한강에서 유람선을 타고 한강 주변의 경치를 둘러본 친구들도 있을 것이다. 그럼 이렇게 우리 친구들이 즐겁게 항해할 수 있는 배는 어떻게 만들어진 걸까?

기선은 증기의 힘으로 앞으로 나아가게 해 운행하는 모든 배를 가리킨다.

그러면 어떻게 이 기선이 발달하게 되었는가를 알아보도록 하자.

발전이나 선박 등에 많이 쓰이는 터빈이라는 것이 발명되기까지는, 기선도 기차에 쓰이는 증기 기관을 사용하고 있었다. 터빈이란 높은 압력의 물 · 증기 · 가스 등을 분출

구로 빼내어 그 충격에 의해 회전시키는 힘을 얻는 원동기를 말한다.

그런데, 아직 증기 기관이 발명되지도 않은 17세기말에, 증기 기관으로 움직이는 기선이 처음으로 설계되었다. 이 기선을 연구한 사람은 바번이라는 사람이었는데, 이때 그의 주위 사람들은 엉뚱한 짓을 한다고 바번을 비웃었다. 그러나 바번은 주위 사람들의 비웃음을 아랑곳하지 않고 기선을 발명해 내었다. 그리고 1776년에는 프랑스의 쥬레라는 사람이 물갈퀴를 가진 배를 만들었다. 이것은 쥬레가 물새가 발로 물을 차고 있는 것을 보고 착안하여 만든 배였다. 물새가 발로 물을 차는 모습을 보면 헤엄치는 모양이니까 배를 만들 생각을 할 수 있었을 것이다. 미국의 후이치라는 사람은 쥬레와 만든 배의 모양과 같은 모양의 배를 세 척이나 만들었다. 이렇게 여러 사람이 배를 만드는가 싶었는데 드디어 기선으로 운행하는 배를 만든 사람이 나타났다.

그 사람은 로버트 풀턴으로 오늘날의 기선의 발명자가 된 사람이다.

그는 1807년에 '클레먼트'라는 이름이 붙은 기선을 만들었다.

클레먼트호는 뉴욕의 허드슨강에서 처음으로 운행되었다. 거대한 클레먼트호가 처음 운항될 때, 주민들은 기관에서 뿜는 불꽃을 보고 놀라 산으로 도망쳤다고 한다. 처음 배를 본 주민들이 배에서 뿜는 불꽃 연기에 놀란 것이다. 처음으로 만들어진 클레먼트호는 사람들을 놀라게 만들기에 충분했지만, 아직 기선의 발달이 서툴렀기 때문에 많은 부분을 고쳐야 했다. 이렇게 개량되고 더 튼튼한 기

선이 만들어지길 기대하고 있을 즈음에 한 미국인 발명가가 훌륭한 기선을 만들었다.

'포에니쿠스' 라는 물갈퀴가 달린 기선이었는데, 스티븐스라는 사람이 발명하였다.

포에니쿠스는 폭풍이 부는 바다에서도 항해할 수 있을 정도로 성능이 좋았다.

그러나, 클레멘트호를 발명한 풀턴의 세력이 워낙 컸기

때문에 스티븐스의 기선은 항해될 수 없었다. 왜냐하면 풀턴이 뉴욕의 허드슨강을 완전히 장악했기 때문이었다.

그런데, 풀턴은 기선을 후이치의 설계를 보고 만들었고 스티븐스는 자신이 직접 설계하여 만든 것이었다.

따라서 진정한 기선의 발명자는 스티븐스라고 보아야 할 것이다.

어린이 여러분들도 풀턴과 스티븐스를 놓고 비교할 때 누가 진정한 발명가일까 생각할 수 있었을 것이다.

여기에서 우리는 남이 만들어 놓은 것을 본뜬 것 보다는 자신이 연구해서 만든 것이 더 가치있게 인정됨을 배울 수 있다.

우리 친구들 중에도 발명가가 되기를 원하는 친구가 있다면, 자신이 직접 생각하고 연구하는 자세를 먼저 배워야 할 것이다.

바번, 쥬레, 후이치 등이 만든 배는 강 위를 다닌 것들이었다.

풀턴이나 스티븐스가 만든 배는 다른 사람들이 만든 배보다는 훨씬 커서 큰 강 위를 다녔지만, 역시 바다가 아닌 강 위를 다닐 정도였다.

이제 잔잔한 강이 아닌 거친 바다를 다닐 수 있을 정도의 튼튼한 배가 필요했다.

드디어 작지만 바다를 항해할 수 있는 배가 만들어졌다. 그 배의 이름은 '엘리자베스호'로 작은 기선이었는데, 바다의 이쪽 끝에서 저쪽 끝을 가는데 성공하였다.

엘리자베스호가 성공하자 규칙적으로 항해하는 정기선이 다니게 되었다. 뿐만 아니라 영국과 프랑스 사이에 있는 도버 해협도 기선으로 건널 수 있게 되었다.

그리고 마침내 기선으로 세계의 5개의 큰 바다 중 하나인 대서양을 건너게 되었다. 그 기선의 이름은 '사바나호'로 1819년에 뉴욕에서 떠난 배이다. 이 배는 증기 기관을 이용한 기선이라기보다는 돛을 단 범선이었다. 사바나호는 뉴욕의 부두를 출발하여 이틀 반을 걸려 바브루 항에 도착했다. 사바나호는 거의 바람의 힘으로 항해하여, 석유는 바람의 9분의 1을 사용했을 뿐이었다. 그리고 바브루 항에서 뉴욕에 돌아올 때는 증기 기관은 거의 사용되지 않았다. 이리하여 증기 기관은 사바나호에서 완전히 떼어졌다. 이제 배는 석유가 아닌 바람을 이용해 항해하게 된 것이다. 이제까지 우리는 작은 배에서 바다를 항해하는 큰배가 생겨나게 된 것까지 살펴보았다. 우리 어린이들은 배의 형태가 점점 달라지고, 성능이 발전해 나가면서 마침내 훌륭한 배가 만들어지는 것을 보았다. 그리고 이 훌륭한 배가 금방 만들어진 것이 아니라 여러 사람의 노력과 많은 시간이 투자되었음을 느낄 수 있었을 것이다. 우리 친구들도 무슨 일을 할 때, 금방 좋은 결과가 나오지 않는다고 해서 포기하는 것이 아니라, 끈기를 가지고 끝까지 최선을 다한다면 멋진 결과가 나올 것이다.

지금 혹시 무슨 일을 하다가 포기한 친구가 있다면, 다시 한번 마음을 굳게 먹고 목표를 향해 전진하길 바란다. 다시 배의 이야기로 돌아가 보자.

이제까지 우리는 어떻게 배가 생겨났고, 어떠한 이름의 배가 있었는지를 알아보았다. 이제 배의 모양이 어떻게 바뀌어 왔는지, 그리고 어떤 도구들이 배를 움직이게 하는지 알아보자.

우선 오랜 옛날에는 어떤 모양의 배가 있었는지 살펴보자.

우리 어린이들 중에도 '타잔'이라는 영화를 본 친구가 많이 있을 것이다. 타잔이 사는 곳은 숲으로 우거진 정글이고, 역시 정글에 사는 원주민들의 생활도 많이 나온다.

이 영화를 보면 우리는 원주민들이 강을 건널 때 어떻게 다니는지도 볼 수가 있다.

우리 친구들도 그들이 강을 건널 때 어떻게 다녔는지 가만히 생각해 보면 기억이 날 것이다.

우선 원주민들이 사는 정글의 강에는 위험한 동물이 많이 있다.

우리가 시골에서 보는 것과는 비교도 안 되는 크고 독이 잔뜩 들어 있는 뱀이 우글거리고, 사람을 잡아 먹는 악어도 있다. 그래서 헤엄을 쳐서 강을 건너는 것은 뱀이나 악어의 밥이 되려는 것과 마찬가지라고 할 수 있다.

영화에서 보면, 그들은 길쭉한 박을 쪼개서 만든 것 같은 배를 타고 다니는 것을 볼 수 있다. 이것은 실제로 원주민들이 타고 다녔던 배였다. 이 배는 '카누'로 배나무를 쪼개서 만든 배이다. 이 배나무는 가운데를 쪼개면 마치 조롱박을 쪼갠 것처럼 가운데가 파여 있다. 가운데가 파여 있는 나무의 속에 조금 들어 있는 속을 파내면 사람들이 탈 수 있는 배가 되는 것이다.

이 배나무는 천연 그대로 배를 쓸 수 있는 것인데 이렇게 만든 배를 카누라고 한다.

카누는 이렇게 원주민들에게서 손쉽게 사용되었다.

그리고 이집트에서도 배의 모양과 배를 사용했음을 알

수 있는 자료가 나왔다.

이집트의 발굴된 무덤 안에서 훌륭한 화병을 발견했는데, 여기에는 나일강에 띄운 배의 그림이 그려져 있다.

이 배의 그림에 대해서 상형 문자로 설명된 것을 보면, 그 길이는 65미터로 되어 있고, 돛단배라고 되어 있다.

상형 문자는 물체의 형상을 본떠서 만든 글자를 말한다. 그런데 옛날의 둥근 나무로 된 돛단배와 대서양을 횡단한 사바나호는 그 형태에는 큰 차이가 없다. 그것들은 모두 뱃머리가 둥글게 되어 있는데, 나일강에 띄운 배 역시 뱃머리가 둥근 모습이었다.

바다를 여러 번 항해하면서 배의 모양에 대해 관심을 가진 사람이 있었다.

네피어라는 사람이었는데, 네피어는 파도의 저항과 배의 모양의 관계를 생각하면서, 배의 모양에 대해 연구하게 되었다.

그는 폭풍이 부는 날을 택해 항해를 하면서, 파도가 뱃머리에 부딪히는 것을 조사하였다. 그 결과 오늘날 우리가 볼 수 있는 둥근 곡선으로 된 유선형의 모양을 생각해 내었다. 이것은 '스쿠너형' 이라고 한다. 배의 모양이 유선형일 때는 파도가 쳐도, 곡선이기 때문에 파도가 옆으로 퍼

지면서 파도의 저항이 작아진다. 배의 모양이 유선형으로 바뀌면서 파도의 저항을 작게 하는 것 뿐만 아니라, 기선의 속력 또한 더욱 빨라졌다. 옛날의 배나무로 만든 배에서 돛단배, 유선형의 배로 옮겨가면서 기선은 더욱 발달하고 있었다. 기선이 움직이는 것은 배의 뒤에 붙어 있는 추진기 때문이다. 추진기는 배를 앞으로 나아가게 한다는 뜻으로 '스크루' 라고도 한다. 추진기, 즉 스크루가 물을 뒤쪽으로 몰면, 오히려 배는 물과는 반대로 앞으로 나아가게 된다. 추진기를 회전시키는 것이 바로 증기 기관의 작용이다. 그 때의 증기 기관은 지금과는 달리 기차도, 기선도, 군함도 똑같은 증기 기관을 사용했다. 그때 제일 빨리 달리는 배가 수뢰정이었지만, 이 배도 빠른 속력을 내지는 못했다. 그러다가 작은 소형 증기선이 나타났는데, 이 소형 증기선은 수뢰정보다 훨씬 빨랐다.

소형 증기선은 찰스 에이 바송에 의해 발명된 것이었고, 터빈형의 기선이었다. 이 터빈이 추진기를 회전시켜 기선의 속력을 변화시킨 도구이다.

터빈은 속력 뿐만 아니라 석탄을 적게 들이는 장점이 있다. 또 터빈의 원리는 매우 간단한 것이었다.

바송은 물레방아가 흐르는 물이 물레방아의 날개에 부디

닫치는 힘으로 돌아가는 것을 보고, 어떻게 기관을 움직이게 할 것인가를 연구하기 시작했다.

그는 가는 구멍으로부터 뿜어내는 증기의 힘으로 기관을 움직이는 장치인 터빈을 발명해 내었다.

바송은 자기가 발명한 도구로 발전기를 회전시켰다.

그러나 처음 실험은 실패하게 되었다. 실패했음에도 불구하고 바송은 물러서지 않고 실험에 실험을 거듭하였다.

바송은 그 도구를 석탄이 적게 드는 것으로 개량하였고, 발전기는 회전이 가능하게 되었다.

바송은 실험 결과 발전기는 그 회전 속도가 빠를수록 많은 전류를 발생한다는 것을 알았다.

그러나 그 시대의 발전기는 지금의 발전기처럼 빠르게 회전하지는 못했다.

그리하여 4년 뒤, 그는 자신이 만든 기관의 4분의 1정도의 증기로 그 증기의 힘과 같은 힘을 내는 기관을 만드는데 성공했다.

기관은 처음에는 발전기를 회전시키는데 쓰였으나, 그는 더욱 열심히 연구하여 증기를 기선에 응용하여 사용하게 하였다.

바송의 이와 같은 인내와 연구로 터빈은 발명되었고, 터빈으로 인해 더욱 빠른 기선을 사용할 수 있게 되었다.

오늘날은 기선 뿐만 아니라 발전소에서도 터빈을 쓰고 있다.

왜냐하면, 이 터빈은 비용을 적게 들여 사용할 수 있기 때문이다.

배를 잘 다루는 민족

이순신 장군은 전략이 탁월하였으며 특히 해전에서의 전략이 뛰어나 학익진법을 비롯, 많은 전투진법을 개발하여, 실전에 적용하여 패전없이 승전을 거듭했습니다. 또 기존 전함 판옥선을 변형하여 거북선 을 개발 제조하여 실전에 투입시킴으로써 큰 성과를 거두었습니다. 이렇게 이순신장군이 한산대첩 등 여러 해전에서 승리를 거둘 수 있었던 까닭은 철저한 준비와 탁월한 전술 그리고 거북선과 화포 등의 뛰어난 무기를 잘 사용했기 때문으로서, 장군은 임진왜란 중 투철한 조국애와 뛰어난 전략으로, 나라와 민족을 왜적으로부터 방어하고 격퇴함으로서 한국 역사상 가장 추앙받는 인물의 한 사람으로 역사에 남겨졌습니다.

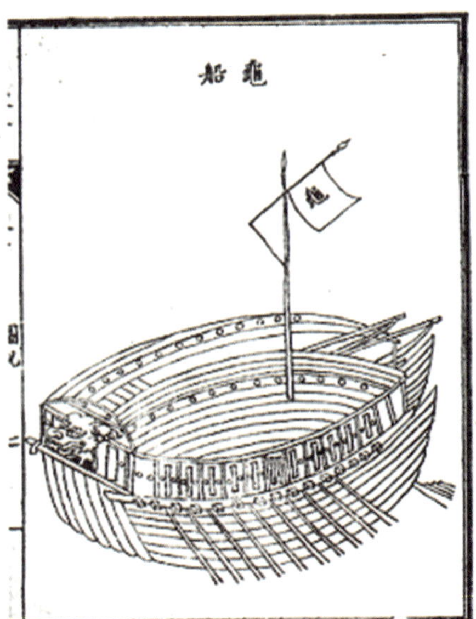

1000년전 바이킹 족은 수백 척의 함대를 만들어 유럽 해안 일대를 점령하고, 영국으로도 그들의 정복지역을 넓혔다. 몇 세기 전 로마인들이 고트족에게 한 것과 같이 프랑크인들은 바이킹 족에게 노르망디 지방을 양보하게 되었다.바이킹 족이 그와 같이 팽창할 수 있었던 것은 그들이 보병으로서 용맹을 발휘하기 전에 이미 우수한 해군으로서 능력을 갖추었기에 가능한 일이었다. 그들은 당시 최고 수준의 조선기술을 자랑하는 배를 보유하고 있었으며, 놀랍도록 배를 잘 다룰 줄 아는 사람들이었다.

세계조선산업은 동북아시아(한국,중국,일본) 3개국에서 주도하고 있으며 세계 수주량 및 건조량, 수주잔량중 동북3국의 비중은 2008년 기준 수주량(85.9%),건조량(81.3%), 수주잔량(82.5%)으로 세계시장을 독점하고 있습니다

비행기의 발달

이제까지 우리는 앞에서 여러 가지 탈것에 대해서 살펴보았다.

땅 위에서 우리를 편리하게 해 주는 여러 모양의 차들, 바다를 항해해서 먼 여행을 가능하게 하는 배 등등 다양한 모양과 기능을 가진 것들이었다.

여러분들은 쉽고 유용하게 이용할 수 있는 도구들을 공부하면서, 편리한 도구들을 발명해 낸 분들에 대해 감사하는 마음을 갖게 되었을 것이다.

또한 우리 친구들 중에는 발명가가 되고 싶은 꿈을 갖게 된 친구도 있을 것이다.

바퀴와 수레를 만들게 된 것이 기초가 되어 여러 가지 땅과 바다를 다니는 것도 신기한 일이었는데, 하늘을 날아

다니는 도구를 만들게 되었다는 것은 얼마나 신기한 일인가.

사람들은 하늘을 날아다니는 꿈을 꾸었고, 마침내는 그 꿈을 실현하게 되었다. 바로 비행기의 발명은 우리로 하여금 하늘을 날게 해 주었다. 그런데, 비행기에 대한 생각을 하고 연구해 낸 사람은 우리에게 화가로 잘 알려져 있는 사람이다.

그 사람은 이탈리아인으로 우리 친구들도 많이 보았을 '모나리자'와 '최후의 만찬'을 그린 레오나르도 다빈치이다.

사람들이 하늘을 난다라는 생각을 할 때, 하늘을 나는 보기를 찾으려면 가장 먼저 떠오르는 동물이 있을 것이다.

우리 친구들도 하늘을 나는 것 하면 무엇이 가장 먼저 떠오르는지 생각하면서 나열해 보자. 참새, 제비, 까치, 까마귀, 독수리, 잠자리, 나비, 벌 등등 날개를 움직이는 동물을 생각할 수 있을 것이다.

나비와 벌을 새라고 할 수는 없지만, 대부분 새의 종류를 많이 꼽게 된다.

이것은 동양 사람이나 서양 사람이나 별 차이가 없어서, 다 빈치 역시 새를 비행기의 모형으로 삼았다.

다 빈치는 비행기를 생각하는 것만으로 멈추지 않고, 새와 비슷한 모양의 비행기를 만들어 날개도 새의 날개와 같게 하여 날개를 치며 날게 하였다.

여러분들이 비행기가 새처럼 날개짓을 하며 날아가는 모습을 상상해 보라. 이미 비행기를 보고 알고 있는 여러분들의 입가에는 즐거운 미소가 번질 것이다.

그러나 다 빈치가 살던 그 당시에는, 비행기에 대한 생각을 하고 만든 것은 대단한 일이었다.

그리고 그때의 다 빈치의 발상이 시초가 되어 지금 우리가 비행기의 모습을 알고, 또 비행기로 여행을 할 수 있는 것이다.

다 빈치가 발명한 비행기는 날 수가 없는 것이었지만, 옛날 시대의 기념품이 되었다.

그리고 지금은 프랑스의 파리에 보관되게 되었다.

다 빈치 이후 어떤 사람은 날개를 폈다 접었다 하며 공중을 나는 도구를 발명하였다.

그리고는 이 날개를 달고 높은 곳에서 긴 시간 동안 공중에 떠 있다가 내려왔다. 그러나 날았다고는 할 수 없었고, 사람의 힘으로 날개를 움직일 수 없음을 깨닫게 되었다.

어떻게 하면 날개를 움직일 수 있을까 고심하던 사람들은 도구의 필요성을 느끼게 되었다.

그러나 오랫동안 비행기의 무게를 지탱할 수 있는 도구는 나오지 않았다.

증기 기관도 증기 기관 자체의 무게가 너무 무거워서 그 자체의 무게를 감당하지 못했다.

그러다가 19세기 초 영국의 게일레이라는 사람이 큰 새가 날개를 펴며 내려오는 것을 보고, 그 새의 날개와 비슷한 모양의 것을 만들어 실험하기 시작했다. 처음에는 날개만을 생각하다가 마지막에는 꼬리를 붙인 방향타를 움직여 올라갔다 내려갔다 하는 장치까지 갖추어 안정성에 신경을 썼다. 그리고는 이 도구에 증기 기관을 달았을 경우를 생각하면서 기관의 무게를 지탱할 수 있는 증기 기관이 필요함을 알게 되었다.

또한 바퀴를 돌리는 도구도 필요함을 깨닫게 되었다. 왜냐하면 기차는 바퀴가 철길 위를 가면서 돌아가지만 비행기는 어느 길 위를 가는 것이 아니기 때문이다. 그 도구가 발명될 때까지는 비행기를 만들 수 없다고 생각하여 비행기의 발명을 중단하였다.

그러나 1866년 웬햄이라는 사람이 새가 나는 것을 다시 자세히 관찰하고, 지금의 날개가 긴 비행기의 모형을 생각하게 되었다. 그러면서 날개가 긴 비행기를 날게 하려면 상당히 큰 힘이 필요함을 알게 되었다.

드디어 웬햄의 이러한 학설은 프랑스의 베나우에 의해 맞는 것으로 증명되었다.

베나우는 웬햄이 설계한 비행기의 모형대로 비행기를 만들어 멋지게 날렸다.

그러나 무거운 증기 기관으로는 우리에게 편리한 비행기를 만들 수 없음이 여전히 숙제로 남았다.

웬햄의 비행기의 모형이 비행기로 만들어져 날려진 후, 영국의 필립스라는 사람이 비행기의 연구에 열중하였다.

그는 갈매기 날개의 모양을 연구하여 비행기에 적응시켜 성능이 좋다는 것으로 특허를 받았다.

특허란 어떤 사람의 고안으로 이루어진 공업적 발명의 전용권(특정한 사람만이 특별한 물건이나 장소를 사용할 수 있는 권리)을 그 사람이나 계승자에게 주는 행정 기관의 행위를 말한다. 그러니까 갈매기 모양의 날개는 필립스만이 사용할 수 있는 것이었다.

몇 년 뒤 독일의 릴리엔탈이라는 사람도 새의 날개와 같은 모양을 한 비행기를 만들어 나는 행동을 시험하였다.

그는 30미터 높이의 작은 산 위에서 나는 것을 시험하여 약 300미터의 거리를 날았다. 긴 거리는 아니었지만, 그의 비행기는 나는 것에 성공한 것이었다.

1896년에 그는 도구에 말 두 필의 힘에 해당하는 엔진을 달아서 비행하였다. 그러나 나는 도중 심한 바람 때문에 추락하여 등뼈가 부러지고 말았다.

사람들의 비행기에 대한 열정은 대단해서 미국의 랑크레라는 사람은 자기가 만든 모험 비행기에 동력을 달아 800미터를 날았다. 이것은 릴리엔탈보다 500미터를 더 난 것

으로 꽤 먼 거리를 난 것이었다.

랑크레는 여기서 그치지 않고 바람에 관해서 계속 연구를 하였다.

우리 친구들도 종이 비행기를 만들어서 날려 보았을 것이다.

그리고 두꺼운 종이로 만들었을 때와 얇은 종이로 만들었을 때 종이 비행기가 날아가는 거리가 달랐음을 알았을 것이다.

두 개의 종이 비행기를 자세히 관찰해 본 친구라면 알 수 있을 텐데, 두꺼운 종이로 만든 것과 얇은 종이로 만든 비행기의 날아가는 거리는 다르다.

만약 이 실험을 해 보지 못한 친구가 있다면 해 보기 바란다.

그러면 어떤 종이 비행기가 빨리 그리고 멀리 날아가는지 살펴보기로 한다.

랑크레는 두꺼운 종이로 이 실험을 했는데, 두꺼운 종이는 밀어 날리는 힘이 많이 들어가기 때문에 먼 곳까지 날아간다.

그리고 종이를 밀어올리는 힘이 증가되었다는 것은 공기의 압력이 적어져서 빨리 날 수 있다는 뜻도 되는 것이었다. 물론 얇은 종이는 밀어 날리는 힘이 두꺼운 종이보다 작고 그런 만큼 먼 곳까지 날아가지 못한다.

두꺼운 종이가 빨리 그리고 멀리 날아간다는 사실을 알게 된 랑크레는, 종이의 길이가 폭보다 길면 길수록 그만큼 오랫동안 공중에 떠 있게 된다는 것도 발견하였다. 이러한 발견에서 랑크레는 비행기가 날 수 있는 가능성을 보았다.

즉 비행기를 종이처럼 되도록 빨리 날 수 있게 만들면,

비행기도 날 수 있으리라는 것이다.

이러한 생각과 실험으로 발명된 랑크레의 비행기는 훌륭하게 날았다.

그리고 그 뒤에 실물의 4분의 1의 크기로 만들어진 대형의 모형 비행기도 비행에 성공하였다. 그리하여 모여진 자금으로 가벼운 증기 기관을 장치한 실물 크기의 비행기를 만들어 비행을 시도했으나 파괴되어 버렸다.

비행기에 내려와서 육지에 착륙할 때 필요한 착륙장치가 불완전했던 것이다. 이 비행 시도는 여러 사람이 자금을 모아 비행기를 만들어 시도한 것이었는데, 그들이 보는 앞에서 파괴되어 버린 것이다.

이 때의 랑크레의 마음은 어떠했을까?

랑크레를 도왔던 사람들은 그를 사기꾼이라고 비난하며 떠나가 버렸다. 랑크레는 실의에 빠져 살다가 라이트 형제가 최초의 비행에 성공한 3년 뒤에 세상을 떠나고 말았다.

랑크레의 비행기를 훗날의 비행기와 비교해서 착륙 장치를 빼고는 흠잡을 데가 없었다.

우리가 비행기의 발명가로 라이트 형제만을 들었지만, 사실은 그전에 랑크레와 같이 많은 숨겨진 사람들이 있었다.

라이트 형제는 사람들에게 비행술을 인정받은 최초의 사람들이었다.

그들이 비행기의 발명에 힘을 기울이게 된 것은, 비행기 비행 시험을 하던 릴리엔탈이 떨어져 죽었기 때문이었다.

그들은 릴리엔탈의 죽음을 안타까워하면서, 비행기의 발명 연구에 더욱 몰두하였다.

그들은 매일 비행 시험만을 하면서, 3년 동안이나 날개를 어떻게 고칠 것인가 고민하였다.

그들은 자신들이 만든 날개의 구조에 관해서 아무에게도 알리지 않고, 어떻게 비행 시험을 성공할 것인가에만 신경을 썼다. 때마침 자동차가 발달하고 가솔린엔진이 개량되면서, 비행기에도 적합한 엔진이 나왔다. 그 엔진은 가벼우면서도 힘이 센 엔진이었다.

라이트 형제는 부랴부랴 이 엔진을 자기들이 발명한 비행기에 부착하여 겨우 3미터의 비행에 성공하였다.

3미터이면 키로 쳤을 때, 키가 150센티미터인 사람들이 아래위로 서 있는 것과 같은 높이이다.

그러나 이 비행의 성공으로 그들은 사람들에게 최초의 비행자라는 소리를 듣게 되었다. 그것이 1903년 12월 17일의 일이다.

그후 그들의 비행술은 진보하여 처음 비행의 약 만배의 비행에 성공하였다.

비행기의 비행술이 점점 나아지자, 유럽에서는 비행기에 대한 열의가 점점 커졌다.

특히 프랑스에서는 라이트 형제의 비행기를 보고, 많은 연구가가 힘을 모아 라이트 형제의 비행기보다도 성능이 더 좋은 비행기를 만들었다.

프랑스의 성능 좋은 비행기 소식을 들은 독일도, 비행기 연구를 시작하여 새로운 비행기를 만들게 되었다. 이렇게 해서 제1차 세계대전이 일어난 1917년에는 영국이 250대, 프랑스가 2,500대, 독일은 2,000대의 비행기가 군사용으로 쓰이고 있었다. 그래서 전쟁 당시 유럽의 강대국들은 비행기를 사용해 전쟁을 하기에 이르렀다.

비행기는 공중에서 떨어뜨리는 폭탄을 실어다가 적군에게 퍼부었고, 비행기에 기관총을 장치하여 뭉게구름 사이에서 갑자기 나타나 적을 공격하였다.

전쟁 중에도 비행기는 고안되었는데, 그것은 독일에 살고 있는 네덜란드인 포커에 의해 발명되었다.

포커는 비행기가 나는 방향으로 기관총의 총구를 향하도록 하였다.

즉 목표물을 보며, 목표물이 있는 방향으로 날아가 목표물을 쏘면 그대로 목표물을 맞추게 된다는 원리였다.

이 비행기는 지금은 독일이 통일이 되었지만, 그 당시는 동독의 수도였던 베를린의 비행기 박람회에 내보이자마자 독일 정부가 사 버렸다.

그리고는 군사적인 비밀로 취급하였다.

그 후 이 비행기는 제1차 세계대전에 사용되어 연합군을 어렵게 했다.

이렇게 전쟁 중에 사용된 비행기는, 전쟁이 끝난 후에는 사람들의 편리한 교통 기관으로서 평화적으로 이용되었다.

우리가 만들어 낸 도구들은 이렇게 때로는 무서운 흉기도 되고, 고마운 도구도 된다.

역사적인 비행이야기

1906년 5월 22일, 오빌 라이트와 윌버 라이트 형제가 '나는 기계'로 미국 특허를 획득했다. 특허번호 821393이었다. 1903년 3월에 직접 특허를 출원했지만 한 차례 거부당하고, 변리사를 고용해 재출원한 후 승인을 받은 것이다. 형제가 주장한 특허의 핵심은 '나는 기계'를 조정하는 새롭고 유용한 방법이었다. 동력을 이용하건 이용하지 않건 아무런 상관이 없는 매우 적용 범위가 넓은 특허였다

노스캐롤라이나 아우터 뱅크스 kill devil hills 에 있는 라이트 형제 기념탑.

한국 최초의 여성비행사 권기옥 애국지사 권기옥(1910년1월11일 ~1988년 4월 19일) 대한민국의 독립운동가이며, 한국 최초의 여자 비행사이며, 대한민국 최초의 여성 출판인이기도 하다. 대한독립군 대령으로 전역하였고, 대한애국부인회 사교부장을 역임하였다.

1956년에 영국에서 초음속 수송항공기위원회(SATC)가 설립되었고, 1959년에는 마하 1.2와 2.0 두 가지 순항 속도를 가진 여객기를 계획하였다.

이때부터 영국과 프랑스에서는 초음속 여객기(SST; Super Sonic Transport)가 구상되고, 1962년 10월에 양국 개발자는 마하 2.2까지 속도를 낼 수 있는 항공기의 개요를 발표하였다. 그 후 양국 정부가 공동으로 설계, 개발, 제조에 합의하고 프랑스의 드골(Charles Andr Marie Joseph De Gaulle) 대통령이 이 계획을 콩코드(협조)라고 이름 지었는데 이것이 바로 기체의 이름이 되었다.

도전 리틀과학자
인간과 도구의 발달

2015. 3. 3 인쇄
2015. 3. 5 발행

글 대한과학진흥회
그림 위스뉴스키 피에르
펴낸이 신 주 황
펴낸곳 스완미디어
등록 제2-4534호
주소 서울시 중구 만리동2가 12-33 태영빌딩
홈페이지 www.dollplaybooks.com
대표전화 02) 393-0026
팩스 02) 312-8349

ISBN 978-89-92565-72-1
ISBN 978-89-92565-70-7 (SET)

값 9,800원
※ 잘못 만들어진 책은 구입하신 곳에서 바꾸어 드립니다